하나님의교회의 정체

현대종교 이단사이비 자료집

하나님의교회의 정체

올바른 신앙 건강한 삶을 위한
현 대 종 교

현대종교 선언

1. 「현대종교」의 목적은 국내외 신흥종교운동 및 이단사이비운동에 대한 빠르고 정확하고 공신력 있는 정보를 교회와 사회에 제공함으로써 종교관련 문제들의 예방 및 재발방지를 돕는 것이다. 이를 위해 피해자, 피해자의 가족 및 친구, 교회, 교단, 정부사회기관, 학교 및 연구기관, 언론매체 등이 필요로 하는 연구결과를 제공한다.

2. 「현대종교」는 문서활동을 통한 목적달성을 위해 구체적으로 노력하는 한편 밖으로는 국내외의 관련분야 연구자 및 연구단체들과 정보교류 및 인적교류를 통해 상호 협력함으로써 국제적 차원에서의 종교문제에 대한 대응 및 지속적인 상호 발전을 도모한다.

3. 「현대종교」는 각종 종교문제의 상담 및 해결을 요청받을 경우 필요한 상담과 자료를 제공하며 정보제공 및 상담과 관련한 모든 내용에 대한 비밀을 지킨다. 또한 필요할 경우 경험 있는 전문가 및 단체와 연결해주며 동일한 종교문제로 다수의 피해자가 발생할 경우 관련 피해자들이 상호연대하여 문제를 해결해 나아갈 수 있도록 돕는다.

4. 「현대종교」는 이단사역에 관심이 있는 모든 이들의 참여를 환영하며 개인, 교회 및 정부사회단체 등의 적법한 후원금을 받는다. 단 연구대상 개인 및 단체로부터의 후원금은 일체 수수하지 않는다.

차 례

현대종교 선언_ 5

1. 안상홍, 장길자, 김주철_ 11

2. 하나님의교회 역사_ 15

3. 하나님의교회 조직_ 17

4. 하나님의교회 주장_ 20

5. 하나님의교회 활동_ 34

6. 하나님의교회 포교방법_ 43

7. 하나님의교회 문제점_ 47

8. 하나님의교회 피해사례_ 55

9. 하나님의교회 예방과 대처_ 67

10. 하나님의교회 주소록_ 69

11. 부록: 만화
- 미혹의 손길_ 84
- 하늘 어머니는 없다!_ 89
- 어둠에서 벗어나라_ 94

기독교 신자들에게 "혹시 구원을 받았습니까?"라고 물으며 접근해 오는 사람들이 있다. "예!"라고 대답하면, "그러면 유월절을 지키고 있습니까?"라고 묻는다. 특히 "일곱째 날인 토요일이 안식일이므로 주일예배(일요일예배)는 잘못됐다"며 국어사전과 개역성경, 천주교 교리 서적에 밑줄 그은 자료들을 보여준다. 그리고 "안식일과 유월절을 지켜야 구원을 받는다"고 주장한다. 세칭 '안상홍증인회'라고 불리는 이 단체는 죽은 안상홍을 하나님, 장길자를 하나님의 신부, 하늘 어머니로 신격화하는 **하나님의교회 세계복음선교협회**다.

하나님의교회는 '제칠일안식일예수재림교회'에서 분파되어 1964년 설립됐다. 신자 수는 수십만에 이르며 전국 400여 교회, 해외 150여 교회를 두고 있다. 본부는 새예루살렘 성전인 성남시 분당구 이매동에 위치하며 2006년 WMC빌딩 4층에 총 210평(약 693㎡)의 하나님교회 역사관을 개관했다. 이밖에 산하 총회신학원, 샛별선교원, 엘로힘연수원, 오라서포터즈, 메시아오케스트라, 자원봉사단, 인터넷 방송 등을 운영하고, 도서출판 멜기세덱에서 하나님의교회 관련 책자들과 월간「십사만사천」을 꾸준히 발행하여 전도용 책자로 보급하고 있다.

1 안상홍, 장길자, 김주철

안상홍은 1918년 1월 13일(묘비에는 12월 1일) 전북 장수군 계남면 명덕리에서 태어났다. 어린 시절에 부산 해운대구 우일동 808번지에서 살았으며 부친의 고향은 경남 함안이었으나 그외의 자세한 정보는 알려지지 않는다. 1937년 일본에 건너갔다가 1946년 귀국해 이듬해인 1947년 7월 제칠일안식일예수재림교회에 입교했다. 입교 후 30살 되던 1948년 12월 16일 인천 낙섬에서 안식교 이명덕 목사에게 침례를 받았다. 1953년부터 계시를 받기 시작했다고 하는 안상홍은 안식교에서 재림 시기를 주장하는 '시기파' 운동에 참여했다. 1956년 "10년 안에 예수 재림이 있을 것"이라는

하나님의교회에서 하나님으로 믿는 안상홍

안식교 목사의 설교에 반박하는 간증문을 통해 "초대교회의 진리가 자신을 통해서 회복될 것임을 지시받았다"고 주장했다. 1962년 3월 17일 교단으로부터 출교되면서 1962년 3월 24일 안상홍 외 23명이 안식교회를 탈퇴, 2년 후인 1964년 4월 28일 부산에서 '하나님의교회 예수증인회'를 창설했다. 교세확장에 힘써 1965년 4월 10일 포항교회, 1969년 3월 31일 풍기교회, 1972년 3월 28일 서울교회, 1975년 7월 8일 진도교회, 1980년 4월 18일 울산교회, 1981년 9월 15일 마산교회, 1983년에 대구교회를 설립했다. 침례를 받은 때로부터 37년 후 1985년 2월 25일(묘비에는 24일) 67세에 뇌졸중으로 사망했다.

하나님의교회는 하나님의 형상 안에 남녀 형상이 공존해 있고, 하와는 재림 그리스도인 어린양의 아내를 표상한다고 강조한다. 요한계시록에 등장하는 '하늘 예루살렘'이 신부를 뜻한다며, 신부는 안상홍이 하나님의 신부로 택한 장길자를 가리킨다고 주장한다. 하나님의교회는 당시 안상홍과 장길자의 결혼사진을 근거로 장길자를 영적 어머니로 선포했다. 그러나 장길자는 김○○과 1966년 결혼하여 두 자녀를 둔 어머니였다. 하지만 안상홍은 생전에 엄○○이 제기한 어머니 하나님론을 『새 예루살렘과 신부 여자들의 수건문제 해석』이라는 책을 통해 신랄하게 비판한 바 있고, 안상홍이 공식적

하늘 어머니라고 불리는 장길자

으로 장길자를 후계자로 지목한 일이 없었다는 점 등을 미루어 볼 때 장길자가 하늘 어머니로 불리는 것은 안상홍의 뜻과는 거리가 멀다. 또 안상홍과 장길자의 결혼사진은 논란이 가중될 당시 한 번 보여졌을 뿐 공개되지 않아 사진조작설이 제기되고 있다. 장길자의 전 남편 김○○의 간증문을 보면, 그는 장길자와 결혼하여 살던 중 부산에서 노 장로라는 사람으로부터 전도를 받아 안상홍증인회에 나가게 되었다고 한다. 이때부터 장길자는 '사도 시대의 신앙을 회복'하고, 유월절로부터 7개 절기를 지키며 열심을 내더니 어느 날 전도사가 되었다고 하더라는 것이다. 그러다가 김○○이 해외 취업을 갔다가 돌아와 보니 아내는 예전과 다른 사람이 되어 있었고 급기야는 이혼을 요구해 왔다고 한다.

하나님의교회는 김주철 총회장이 절대적인 권력을 지니고 있다. 하나님의교회 정관에 보면 제28조에 총회장에 대해 설명하고 있다. 정관은 "총회장은 어머니를 보좌하며, 대외적으로 하나님의교회를 대표하고, 하나님의교회를 지휘, 운영해 나가는 책임자이다"라고 밝히고 있다. 또 총회장은 "성령 안상홍 하나님께서 세우신 김주철님이시며, 영구직"이라고 나와 있다. 총회장의 직무는 모든 회의의 의장, 최고 책임자, 성도들의 헌금, 출연금품, 기부금 및 찬조금, 기타 수입금 등 총회가 관리하는 자산에 대한 최고 책임

하나님의교회의 절대적인 권력자
김주철 총회장

1. 안상홍, 장길자, 김주철

자, 정관 및 재규정의 최종 해석권자, 성도 권징의 최고 결정권자, 하나님의교회 총회 및 운영부서 및 모든 지역 교회를 통괄하는 최고 책임자라고 규정되어 있다. 김주철 총회장은 영구직으로 모든 부서의 최고 책임자로서 하나님의교회를 좌지우지하는 인물이다.

2 하나님의교회 역사

 안상홍 사후 1985년 3월 22일 본부를 부산에서 서울로 옮긴 추종자들은 6월 2일 단체명을 '하나님의교회 안상홍증인회'로 개칭했고, 10월에는 관악구 봉천동으로 본부를 이전했다. 현재는 경기도 성남시 분당구

안상홍과 황원순의 묘

이매동을 중심으로 활동하고 있다. 1988년, 1994년 등 계속되는 시한부 종말론 불발과 이에 따른 사회의 비판적 여론을 의식하여 지금의 '하나님의교회 세계복음선교협회'로 개칭하여 활동하고 있다.

생전의 안상홍은 늘 흰옷을 즐겨 입고 해운대 빈민가의 쓰러져가는 오막살이집에서 사는 것을 고집했다고 한다. 안상홍은 요한계시록 14장 1절의 "어린양이 시온산에 섰고"라는 구절에서 어린양은 떡과 포도주를 가지고 나온 멜기세덱이며 그가 바로 유월절을 발견한 자신이라고 주장했는데 그래서 이들은 '안상홍의 이름으로' 기도하고 '안상홍의 이름으로' 침례를 행한다.

안상홍의 부인은 황○○(1923년생)이지만 현재 '하늘 어머니'로 불리는 장길자(1943년생)가 하늘 어머니를 칭함받고 있다.

안상홍 사후 안상홍증인회는 장길자를 부인하는 '새언약 유월절 하나님의교회'파와 장길자를 하나님의 부인으로 섬기는 파로 나누어졌으며 그밖에 몇몇 분파가 있는 것으로 알려졌다. 그중 제일 큰 세력을 갖춘 곳이 장길자가 하늘 어머니로, 김주철이 총회장으로 있는 오늘날의 하나님의교회 세계복음선교협회이다.

3 하나님의교회 조직

하나님의교회는 국내 400여 교회와 해외 175개국에 총 7000여 개가 설립, 등록 성도는 280만 명(자체추산)이라고 주장한다. 총회조직에 실행위원회, 정책위원회, 교육국 등 10개의 활동국, 25개의 위원회, 9개

총회조직도(좌)와 월간 「십사만사천」(우) (출처: 하나님의교회 홈페이지)

의 연합회, 20개의 부서가 조직되어 있다. 각각 개설된 홈페이지를 통해 활동내용을 알 수는 있지만, 국내 및 해외 지교회 현황(주소 및 연락처)은 공개하지 않는다.

공예배는 토요일 오전 10시, 오후 2시 30분, 저녁 7시 세 차례, 화요일 삼일예배는 오전과 오후로 나뉘어 있다. 총회신학원을 중심으로 집중적인 교리교육을 통하여 전도능력을 키우는데, 초급 3단계, 중급 2단계, 고급 2단계 등 총 7단계로 구성되어 있다. 한편, 전도용 책자로 월간「십사만사천」을 발행한다.

하나님의교회 홈페이지는 다음과 같다.

```
하나님의교회 공식홈페이지  www.watv.org
하나님의교회 언론 보도  watvpress.org
하나님의교회 세계복음선교협회 유튜브 채널
    www.youtube.com/c/WMSCOGTV
하나님의교회 말씀과 진리  bible.watv.org
하나님의교회 뉴스  news.watv.org
하나님의교회 세계와 함께  www.watv.org/world
하나님의교회 하늘가족커뮤니티  uri.watv.org
하나님의교회 미디어 캐스트  watvmedia.org
하나님의교회 아름다운 시온  zion.watv.org
하나님의교회 총회신학원  www.wmcts.org
하나님의교회 오라서포터즈  www.aurah.org
하나님의교회 샛별선교원  www.wmcsk.org
하나님의교회 해외국  www.wmcoverseas.org
```

하나님의교회 엘로힘연수원 elohim.watv.org
하나님의교회 메시아 오케스트라 www.wmcmo.org
하나님의교회 텍스트 영어 text.watv.org/english
하나님의교회 텍스트 일본어 text.watv.org/japanese
하나님의교회 텍스트 중국어 text.watv.org/chinese
하나님의교회 텍스트 스페인어 text.watv.org/spanish
하나님의교회 미국 usa.watv.org
하나님의교회 독일어판 german.watv.org

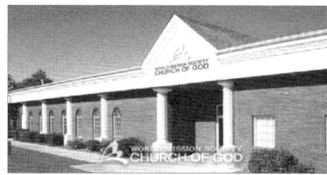
미국 샌디에이고 하나님의교회

구미 하나님의교회

페루 리마 하나님의교회

서초 하나님의교회

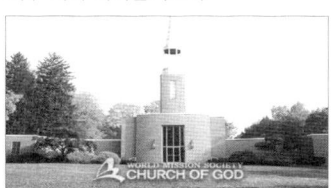
미국 뉴욕 하나님의교회

마산 하나님의교회

해외에 있는 하나님의교회
(출처: 하나님의교회 홈페이지)

국내에 있는 하나님의교회
(출처: 하나님의교회 홈페이지)

4 하나님의교회 주장

1) 재림 그리스도 하나님 안상홍

> 재림 그리스도, 새 언약을 회복하신 재림 예수님 안상홍님. 성부시대 여호와 하나님께서는 애굽에서 종살이하던 이스라엘 백성들을 유월절로 구속하셨습니다. 성자시대 예수님께서도 사망의 종노릇하던 인류를 새 언약 유월절로 구원하셨습니다. 성령시대 안상홍님께서도 새 언약 유월절로 영생의 축복을 허락해주셨습니다.
>
> 〈출처: 하나님의교회 홈페이지〉

하나님의교회는 안상홍을 재림예수로 믿는다. 예수님은 다윗의 위로 왔는데 다윗의 재위기간이 40년인데 비하여 예수님은 3년밖에 일하지 못했기 때문에 재림예수가 다시 와서 37년을 채워야 다윗의 위 40년이 이루어진다는 논리이다. 그러나 성경의 '다윗의 위'라는 말은 다윗의 재위 기간을 말하는 것이 아니라, 다윗이 앉았던 '왕위'를 계승한다는 말이다. 예수께서 다윗의 왕위 위로 오신다고 했지 언제 40년간 통치하신다고 했는가? 성경 어디에 재림예수가 다윗의 재위 기간을 채울 것이라는 예언이 있는가?

백마 탄 안상홍

열왕기상 2장 12절에는 솔로몬이 다윗의 위에 첫 번째 앉은 왕임을 말하고 있으며, 예레미야 22장 2절에는 다윗의 가문을 이어 왕이 된 모든 유다 왕들이 '다윗의 위'에 앉은 왕이라는 것을 말하고 있다. 마태복음 1장 1~17절에는 예수 그리스도도 다윗의 가문에 왕족으로 태어나 '다윗의 위'로 오시리라는 예언이 성취된 것을 말하고 있다. 이렇게 다윗의 위에 앉은 왕들은 모두가 재위 기간이 40년이 아니었다. 솔로몬의 아들 르호보암 왕의 재위 기간은 17년, 그의 아들 아비야의 재위 기간은 3년, 그의 아들 아사의 재위 기간은 41년 등 각기 재위 기간이 달랐다. 그런데 하나님의교회는 안상홍을 재림예수로 만들기 위하여 '다윗의 위'는 다윗의 재위기간을 채워야 한다고 주장하는 것이다. 이러한 주장은 전혀 성경과 관계 없는 숫자놀이에 불과하다.

또한, 하나님의교회는 요한계시록 2, 3장에 나오는 '새 이름'을 안상홍으로 가르친다. 하지만 요한계시록 3장의 빌라델비아교회에 보내는 편지에 나타난 이기는 자에게 주시는 '나의 새 이름(계3:12)'은 예수 그리스도의 새 이름이다. 하나님의교회에서 주장하는 성령의 새 이름이 아닌 예수의 새 이름이다. 성자의 새 이름은 요한이 지금 기록하고 있는 시점을 기준으로 하여 아직 공개되지 않았고 후에 주실 새 이름이다. 그 이후에 예수님의 새 이름은 '충신과 진실(계19:11)', '하나님의 말씀(요1:1, 14; 계19:13)'으로 소개되고 있다. 그중에 어느 이름일지 정확히는 알 수 없으나 그리스도의 소유를 나타내는 뜻을 지닌 마지막으로 소개된 '만왕의 왕 만유의 주'로 보는 것이 가장 합리적이다. 만일 새 이름이 요한계시록 19장 12절에 언급한 '이름 쓴 것이 하나가 있으니 자기밖에 아는 자가 없고'에 해당하는 것이라면 주님이 마지막 강림하실 때에야 공개될 것이다.

2) 하늘 어머니 장길자

> 하늘 어머니. 성경이 증거하는 새 예루살렘 하늘 어머니. 엘로힘이란 '하나님들'이라는 뜻으로 단수로서의 하나님이 아닌 둘 이상의 하나님을 말하는 것으로 아버지 하나님과 어머니 하나님을 알려주고 있습니다. 하나님의교회 세계복음선교협회는 아버지 하나님과 어머니 하나님을 구원자로 영접하였습니다.
>
> 〈출처: 하나님의교회 홈페이지〉

하나님의교회는 성령을 '안상홍'이라 하고 신부는 '장길자'라고 한다. 요한계시록 22장에는 '보라 내가 속히 오리라'는 말씀이 세 번씩 나온다.

신도들에게 하늘 어머니로 숭배받는 장길자 (출처: 하나님의교회 홈페이지)

세 번이나 강조한 것은 반드시 성취될 것을 의미한다. 요한은 성경 66권의 마지막 책인 요한계시록을 마감하면서 세 번째 최후의 '보라 내가 속히 오리라'는 음성을 듣는다. 그러자 '아멘 주 예수여 오시옵소서'라고 응답한다. 즉 여기서 속히 오시겠다는 분은 예수 그리스도시다. 본문은 예수께서 속히 오시겠다는 음성을 듣는 성령과 신부의 외침이다.

게다가 요한계시록 19장 7절, 21장 9절의 '신부 곧 어린양의 아내'가 바로 '장길자'라는 주장을 펴고 있다. 구약의 이사야 선지자는 예루살렘을 향하여 '여호와께서 너를 기뻐하실 것이며, 네 땅이 결혼한 바가 될 것임이라(사62:4)', '신랑이 신부를 기뻐함같이 네 하나님이 너를 기뻐하시리라(사62:5)'라고 예언했다. 호세아 선지자도 이방인 선교(호2:23)가 이루어지는 그 날에 이스라엘 백성들이 하나님을 '내 남편'이라 부르게 될 것과 하나님이 이스라엘을 향하여 '진실함으로 네게 장가들리니(호 2:19~20)'라고 예언했다. 이 예언은 신약에서 성취되었다. 에베소서 5장의 결론 부분의 말씀처럼 남편과 아내가 연합하여 하나가 된다는 것은 하나님의 크신 비밀을 담고 있는데 이는 그리스도와 교회(엡5:32)와의 관계를 나타낸 것이라 했다. 즉 그리스도는 교회의 남편이 되고 교회는 그리스도의 아내가 되는 것이다. 결론적으로 본문의 말씀은 그리스도께서 속히 오시겠다고 하신 말씀(계22:7, 12)에 대한 성령과 신부된 교회의 응답이다. 성령이 함께하는 교회는 이 사실을 예수께서 보내신 사자(계22:16)를 통하여 알고 있었다.

하나님의교회는 갈라디아서 4장 26절의 '예루살렘은 자유자니 곧 우리 어머니'에 '어머니'가 '장길자'임을 주장한다. 그러나 이것도 거짓이다. 이 본문은 유대교와 초대교회를 비교하는 비유다. 율법주의였던 유대교는 이스마엘을 낳은 하갈에 비유되었고, 이삭을 낳은 사라는 새예루살렘인 교회를 말하는 것이다. 예루살렘은 구약의 성전을 말하는데 신약에서는 영적 예루살렘 성전이 있다. 영적 예루살렘 성전은 하나님의 새로운 백성인 교회를 말한다(엡2:20~22). 본문에 분명히 '너희는 주 안에서 성전이 되어간다'고 했는데 어떻게 하나님의교회의 여교주 장길자가 예루살렘이 될 수 있다는 말인가? 갈라디아서 4장 26절의 '위에 있는 예루살렘은 자유자니 곧 우리 어머니'는 장길자가 아닌 교회다.

3) 안식일

> 하나님께서는 "하나님의 뜻대로 행하는 자라야 천국에 들어갈 수 있다(마7:21~23)"고 분명히 말씀하셨습니다. 많은 사람이 지키는 일요일과 하나님께서 지키라 명하신 안식일(토요일) 중 어느 날에 예배를 드려야 하나님께서 기뻐하시겠습니까? 두말할 나위 없이 하나님께서 명하신 안식일(토요일) 예배입니다.
>
> 〈출처: 하나님의교회 홈페이지〉

하나님의교회는 안상홍이 안식교 출신이기 때문에 안식일에 예배를 드려야 한다고 주장하고 있다. 누가복음 4장 16절을 인용해 예수님이 안식일을 지키셨다고 주장한다. 누가복음 4장 16절에 "예수께서 그 자라나신 곳인 나사렛에 이르사 안식일에 늘 하시던 대로 회당에 들어가사 성경을 읽으려고 서시매"라는 구절은 예수님이 안식일을 지키신 것이 아니라 본문에서 말하는 것처럼 예수께서는 안식일에 회당에 관습(규례)을 따라 '들어가신' 것이다. 안식일에 회당에 들어가신 이유는 안식일을 지키기 위하여 모인 유대인들에게 복음을 전파하시기 위하여 들어가신 것이다. 하나님의교회는 본문에 '들어가셨다'라는 말을 '지키셨다'고 변조시킨 것이다. 뿐만 아니라 신약의 어느 곳을 살펴봐도 예수님께서 안식일을 '지키셨다'는 기록은 나오지 않는다.

또한, 구약의 모든 규례와 안식일은 예수님의 십자가에서 폐지되었다. 그래서 골로새서 2장 14~17절에 "우리를 거스리고 우리를 대적하는 의

예배실황 (출처: 하나님의교회 홈페이지)

문에 쓴 증서를 도말하시고 제하여 버리사 십자가에 못 박으시고 정사와 권세를 벗어버려 밝히 드러내시고 십자가로 승리하셨느니라 그러므로 먹고 마시는 것과 절기나 월삭이나 안식일을 위하여 누구든지 너희를 폄론하지 못하게 하라 이것들은 장래 일의 그림자이나 몸은 그리스도의 것이니라"라고 말씀하고 있다. 이 문제는 십자가에서 폐한 바 된 것이기 때문에 더 이상 폄론치 말라는 것이다.

하나님의교회는 콘스탄틴에 의하여 안식일이 변경되었다고 주장하고 있는데, 콘스탄틴 이전에도 주일(일요일) 예배가 드려지고 있었다. A.D. 107년에 쓰여진, 베드로의 후계자로 알려진 안디옥교회의 감독 이그나티우스의 서한 9절에 벌써 구약의 관습인 안식일은 끝나고 주일에 예배해야 하는 의미에 대하여 분명하게 기록되어 있다. 또한, A.D.70~80년에 쓰인 바나바서신 15절에도 분명하게 주일에 왜 예배해야 하는지에 대해 기록되어 있다. 그 외에 여러 초기 문헌들에 콘스탄틴이나 교황권이 등장하기 훨씬 이전에 초기 교회들에 주일 예배가 있었다는 증거들이 있다. 이로 보아 하나님의교회의 'A.D.321년의 콘스탄틴 안식일 변경' 주장은 역사적인 오류이다.

주간의 첫날이 그리스도교 예배일로 지정된 것은 첫째 그리스도의 부활을 기념하기 위한 것이다. 사실 모든 일요일은 하나의 부활절이다. 두 번째 의미는 새 창조라는 사실이다. 그래서 15세기 한 저자는 "일요일, 거룩한 날은 구세주를 기념하는 날이다. 이날은 모든 날의 주인이기 때문에 그날은 주의 날이라고 한다. … 이날에 구세주께서 창조의 첫 역사를 시작하셨다"고 기록했다.

주의 날은 부활의 기념일 뿐 아니라 재림의 징조이기도 하다. 따라서 주일(일요일)은 네 가지 의미를 가진다. 부활절과 오순절의 기념이며, 첫 창조의 기념일이요, 더불어 새 창조를 예견하는 날이기도 하다.

4) 십자가

> 도시의 수많은 십자가에 대한 비기독교인들의 부정적인 견해에 대하여 어떻게 생각하십니까?
> ①십자가 없이는 구원도 없으므로 당연히 세워야 한다.
> ②교회 건물의 상징이므로 세워야 한다.

③십자가는 꼭 필요하지만 소박하게 세워야 한다.
④십자가를 세우는 것은 우상숭배다.

교회의 십자가가 마귀를 쫓아내거나 재앙을 물리칠 수 있다고 생각하십니까?
①그렇다 ②그렇지 않다 ③그럴 수도 있다 ④잘 모르겠다

〈출처: 하나님의교회 설문지〉

하나님의교회는 개교회에서 사용하고 있는 십자가를 우상 숭배로 정죄한다. 그래서 십자가가 있는 모든 교회를 우상 숭배하는 교회로 매도함으로써 사람들에게 혐오감을 심어주고 십자가 없는 자신들의 교회야말로 진리교회라고 주장한다(『내 양은 내 음성을 듣나니』, 김주철 저, pp.77~85 참조).

그러나 상징과 우상, 기념과 숭배를 구분할 줄 알아야 한다. 오늘날 동방교회가 십자가를 승리의 상징으로 보듯 제단과 십자가는 5세기 때부터라고 추정하고 있으나 실제로 성찬상에 장식하는 것은 11세기에 와서야 한 일이고 개혁교회에서는 아무런 장식 없는 십자가를 사용하고 있다. 루터는 십자가 장식을 다음과 같이 말하고 있다.

"마음에 그리스도의 형상을 지니는 것이 죄가 되지 않는다면 우리 눈에 볼 수 있는 십자가로 장식한다는 것이 무엇이 잘못인가?(『예배학원론』, p.275)" 기독교인이 만나는 장소는 솔로몬의 행각과 같은 곳이나 흩어져 있던 유대인들의 회당이었다. 그 후 주로 개인의 집에서 회집된 교회는

분당 이매동에 위치한 하나님의교회 본부

138년 황제 하드리안이 신자들의 집회장소 건축을 허락한 때부터로, 단지 예배를 위한 목적으로 교회건물이 건축되었던 때는 14세기 이후부터다. 이렇게 시작된 교회, 기독교의 예배장소는 거기서 만나는 회중이 신앙고백적 성격을 드러내야 한다.

예배는 구속사의 요점을 되풀이하는 것으로서 구속사의 개요를 나타내기 위해서 명확한 설비를 필요로 한다. 말하자면 상징적 설비를 필요로 하는 것이다. 말씀을 읽기 위한 낭독대, 성찬을 거행할 식탁, 세례반, 성가대석 등이다. 상징적인 뜻의 원리는 그리스도와의 관련에 인하여 미래에 의미심장한 상징이라는 사실을 특별히 고려해야 한다. 예배당에서 드리는 예배는 구속사의 요점을 되풀이하는 것이기 때문에 교회당에서 십자가는 제거할 수 없는 상징물이다. 왜냐하면, 십자가는 구속사와 떼려야 뗄 수 없게 연관되어 있기 때문이다. 십자가와 상관없는 교회는 존재할 수 없다. 통일교, 영생교, 전도관 등이 십자가를 실패의 사건으로 보기 때문에 분명히 십자가와 그들은 상관이 없다.

십자가는 죽음에서 부활로 승리한 그리스도를 말해주는 소중한 상징물이지만 그리스도인들은 그것을 하나님과 같이 숭배하지 않는다. 십자가는 결코 그리스도인의 우상이 될 수 없고 우상이 되어서도 안 된다. 칼빈이 "교회 안에 표상을 두지 말라. 이것은 사람을 우상숭배로 이끄는 기를 올리는 것과 마찬가지이다"라고 말한 것처럼 우상숭배가 되지 않도록 주의하면서 구원받은 은혜를 감사하며 살아야 할 것이다.

하나님의교회는 오히려 안상홍의 사진을 장길자의 사진과 함께 걸어놓고 하나님과 하나님 부인으로 숭배하고 있는데 이것이야말로 우상 숭배가 아니겠는가.

5) 성탄절

> 기독교는 가장 큰 축제일인 12월 25일은 어떤 종교에서 유래되었을까요?
> ①로마 태양신교 ②힌두교 ③기독교 ④유대교
>
> 성탄절은 세계적인 축제일입니다. 예수님께서 탄생하신 계절에 대하여 알고 계십니까?
> ①봄 ②여름 ③가을 ④겨울 ⑤모르겠다
>
> 〈출처: 하나님의교회 설문지〉

하나님의교회는 예수님의 탄생일이 12월 25일이 아니고 초봄(4월)이라고 주장해 성도들을 혼란케 한다. 안상홍도 초봄에 세례를 받았다는 사실을 강조하고 있는데, 이렇게 성탄절을 초봄으로 잡는 것은 안상홍이 새 언약인 유월절을 회복하는 육체로 온 예수라는 것을 주장하기 위한 것으로 보인다. 그러나 예수님이 탄생하신 날짜에 관한 주장은 현재의 12월 25일 말고도 크게 세 가지가 있는데 각각 가을, 정월, 초봄이라는 견해가 그것이다.

첫 번째 주장은 예수님은 33년 6개월을 사셨고, 초봄인 유월절에 돌아가셨다는 계산에서 나온 것으로 예수께서 돌아가신 초봄에서 33년 6개월을 거슬러 올라가면 예수

하나님의교회 전도지

께서 탄생하신 때는 가을이 된다는 것이다. 이렇게 주장하는 증거로 누가복음 1장을 드는데(눅1:8~13) 요한의 수태 후 6개월 만에 천사가 예수의 수태를 알려주었기 때문에 예수님과 요한의 탄생은 꼭 6개월 차이가 있으므로 요한이 태어난 때만 알면 예수의 태어난 때를 정확히 알 수 있다고 한다.

두 번째 주장은 12월 25일로 성탄절 날짜를 정한 최초의 인물을 히폴

리투스로 추정한다. 그는 수태로부터 십자가의 처형에 이르기까지 예수의 생애는 정확하게 33년이며 이 두 사건(수태와 죽음)들은 3월 15일에 발생했다고 하는 확신을 가지고 있었다. 수태고지 또는 수태로부터 아홉 달을 계산하여 그는 그리스도의 생일이 12월 25일이라는 결론에 이르게 되었다. 이렇게 12월 25일을 교회의 절기로 인정하였다는 최초의 기록은 필로칼루스력(曆)에 나온다.

세 번째 주장은 1월 6일로 그리스도의 수세 또는 영적 출생일로 결정되었으며 4세기 초엽에 이르러서는 가톨릭 신자들에 의해서 성수되었다. 동방 정교회에서 1월 6일을 주님의 육체적인 생일일 뿐만이 아니라 영적인 생일로 성수하는 것은 일찍이 4세기 초엽에 널리 일반화되어 있었다.

꼭 11월 가을이나, 12월 25일이나, 1월 6일이나, 4월 초봄이 예수님의 출생일이 아니더라도 그의 출생사건을 기념하는 것은 의미 있는 일이다
(『기독교 대백과사전』 제14권 pp.1495~1496, 교문사).

하나님의교회의 주장대로 예수님이 봄에 탄생했다고 한다면 예수님이 봄에 돌아가셨기 때문에 예수님의 공생애는 자연히 만 4년으로 늘어난다는 문제가 생긴다. 이렇게 되면 하나님의교회에게도 큰 모순이 있다. 하나님의교회는 다윗 왕이 통치기간 40년을 예수님의 공생애에 대한 표상으로 보았다. 예수님의 공생애를 3년으로 보아 40년에서 부족한 37년을 안상홍이 채운다고 주장하고 그것을 맞추기 위해 예수님이 30세에 세례받은 것처럼 안상홍도 30세에 세례를 받고 예수님이 못다한 37년을 채우고 자신의 예언대로 67세에 사망한 것이 아닌가. 그러나 그

주장대로 예수님이 봄에 탄생했다면 공생애가 만 4년이 되므로 40년에서 모자라는 나머지 36년만 봉사해야 했고 따라서 그는 66세에 죽었어야 말이 맞는다.

여기에서 또 하나의 문제가 발생한다. 안상홍 역시 사명을 못다한 실패자라는 사실이다. 안타깝게도 그는 67세에 사망함으로써 37년에서 1년을 남겨 놓았다. 또 하나의 교주가 나와서 다른 이단들의 해석에 따라 하루가 천년 같다면서 3650년을 군림할 여지를 남겨놓은 셈이다.

5 하나님의교회 활동

1) 활발한 사회봉사활동

하나님의교회는 2001년 이후 자신들이 언제, 어디서, 어떤 봉사활동을 했는지 상세하게 홈페이지에 게재하고 있다. 사진과 함께 설명을 올린 것이 100여 건에 이른다. 하나님의교회의 봉사활동은 환경보호, 아동복지, 노인복지, 자원봉사, 구호활동, 군경위문 등 광범위한 분야에 걸쳐있다.

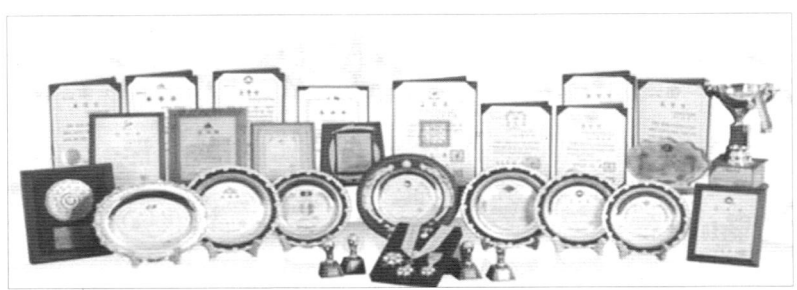

봉사활동으로 받은 상패 (출처: 하나님의교회 홈페이지)

이러한 봉사활동으로 받은 감사패, 표창장, 감사장도 홈페이지에 게재했는데, 영국여왕상과 대통령 표창을 비롯하여 다양한 상패들에 대해 언제 어디서 누구에게 어떤 내용으로 받았는지를 사진과 함께 구체적으로 밝혀 자신들의 공신력을 나타내고 있다. 젊은 청년들의 경우 ASEZ라는 대학생봉사단을 조직해 국내외에서 사회봉사, 환경보호 등의 활동을 하고 있다.

2) 어린이교육

부설기관으로 샛별선교원이 있다. 홈페이지에는 이름도 '선교원'인데다가 일반교회 부설기관처럼 '하나님의교회 부설'이라고 쓰여 있다. 메인화면에는 '내 아이를 돌보듯 어머니의 사랑으로 아이들과 함께하는 샛별선교원', '사랑을 품은 아이, 꿈을 꾸는 아이, 생각하고 표현하는 아이로'라는 깔끔한 문구가 공감대를 일으킨다.

선교원의 교육은 나이에 따라 4세 미만, 4세 반, 5세 반, 6세 반, 7세 반으로 나누어져 있으며, 반별로 다양하고 체계적인 교육 프로그램으로 진행된다. '솜씨자랑'과 '이렇게 배워요' 메뉴를 통해 아이들이 만든 모빌, 탈, 자동차, 편지꽂이, 벽걸이, 동물, 액자 등 수십 개의 작

하나님의교회 부설 샛별선교원 홈페이지

품들과 소풍, 운동회, 현장학습 등을 사진으로 볼 수 있다. 구 홈페이지에 '노래 불러요'를 통해 이곳이 죽은 안상홍을 하나님으로 믿고 장길자를 하늘 어머니로 찬양하는 곳임을 쉽게 알 수 있다. 다음은 "하나님의 은혜"라는 곡으로 하나님의교회의 핵심 교리가 담겨 있다.

> **하나님의 은혜**
> 십자가 세우지 마세요 일요일도 거짓말예요
> 우리는 이세상 교회 없는 어머니도 있죠
> 우리의 구원자 안상홍님도 계신답니다
> 안! 상! 홍! 님! 믿어야 하늘나라에 가죠

2004년 7월 26일, 하나님의교회는 옥천연수원 실내체육관에서 '하계 유소년 교사교육'을 열었다. 전국에서 교사들이 참석했고, 하늘 어머니로 불리는 장길자는 "신의 성품에 참예하는 자가 되게 하려 하셨으니(벧후1:2)"라는 교육을 했다. 하나님의교회 예배 시간의 특징과 같이 장길자를 비롯한 여자들은 머리에 흰 수건을 썼으며, 교사들은 장길자가 전하는 말에 아멘으로 화답했다. 김주철 총회장은 "어린아이들에게 성경에 입각한 교육을 해 주셨으면 한다"며 교사들에게 부탁했고, 어린이 교육을 위한 다양한 프로그램이 진행됐다.

3) 언론 홍보에 집중

하나님의교회는 지역신문, 잡지 등 여러 언론에 보도된 교회의 활동

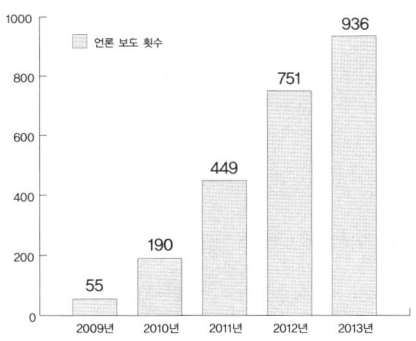

을 홈페이지에 게재하고 있다. 대부분 하나님의교회(지교회 포함)가 지역에서 봉사활동을 열심히 하고 있다는 내용으로, 헌혈운동, 거리정화운동, 불우이웃돕기 성품·난방 유류비·이불 전달, 연탄배달, 경로위안잔치, 이·미용봉사 등의 봉사활동과 사진전, 연주회, 강연회 등 교회행사 내용으로 언론에서 보도한 내용이다. 하나님의교회 홈페이지에 게재된 언론 보도(홍보)횟수를 기준으로 보면, 2009년 이후 5년 동안 계속 증가하는 추세다. 2009년에 하나님의교회 관련 기사가 언론에 보도된 횟수는 55건에 불과했다. 2010년에는 190건, 2011년에는 449건으로 전년보다 두 배 이상 언론에 노출됐다. 2012년에는 751건으로 껑충 뛰더니 2013년에는 총 936건으로 매일 평균 2.56건의 하나님의교회 관련 기사를 언론에서 보도했다. 하나님의교회는 자신들의 부정적인 이미지를 좋게 포장하기 위해 노력한다. 하나님의교회에 빠진 아내로 인해 이혼이나 가출 등 가정이 깨지는 사회적인 문제가 수면 위로 드러나고 있어 이미지메이킹에 신경 쓰지 않을 수 없다. 더 큰 문제는, 「중앙일보」, 「한국일보」, 「경향신문」, 「문화일보」, 「월간중앙」, 「주간조선」 등 굵직한 언론에서 하나님의교회를 긍정적으로 평가하는 홍보기사를 보도해 분별이 필요하다.

4) 찬송가 『새노래』

하나님의교회는 『새노래』라는 찬송가를 부른다. 이 찬송가 중에는 음정은 기존의 찬송가와 같지만 하나님을 안상홍으로 바꿔 개사해 부르는 찬송이 여럿 있다.

안상홍님 지으신 모든 세계
안상홍님 지으신모든 세계 내마음 속에 그리어볼때
하늘의별 울려퍼지는 뇌성 아버지 권능 우주에찼네
하나님 높고 위대하심을 내 영혼이 찬양하네
하나님 높고 위대하심을 내 영혼이 찬양하네

죄에서 자유를 얻으려면
죄에서 자유를 얻으려면 안상홍님을 믿으시오
시험을 이기는 승리되니 참놀라운 능력이로다
안상홍님 능력크도다 그말씀 믿으오
생명주신 유월절언약 매우 귀중한 증걸세

은혜가 풍성한 하나님은
은혜가 풍성한 하나님은 믿는자 한사람한사람
어제나 오늘도 언제든지 변찮고 보호하시도다
성령안상홍 하나님을 오늘도 사랑케 하소서
성령의 뜨거운 불길로써 오늘도 충만케 하소서

기존 찬송가를 개사한 『새노래』의 찬송들

5) 해외 활동

(1) 하나님의교회 해외국

하나님의교회 해외국은 "생명번호"를 부여받은 하나님의교회 측 신도들에게 하나님의교회가 진출해 있는 국가 정보 및 해외뉴스, 생활정보, 유학정보, 여권·비자 정보 등을 제공한다. 또 "외국어 진리교육"을 통해 국가별 현지 언어를 교육한다.

하나님의교회 해외국 홈페이지
(wmcoverseas.org)

(2) 해외교회 뉴스를 통한 포교

하나님의교회는 홈페이지 "해외교회 뉴스" 코너를 통해 해외 신도들의 글을 게시하고 있다. 아메리카, 아시아, 유럽 등 하나님의교회가 진출해 있는 국가를 대륙별로 나누어 해당 지역 신도들의 소식 및 글을 소개한다. 주로 "어머니를 향한 사랑과 그리움으로", "어머니의 부르심을 입은 예언의 주인공이 되어", "어머니는 진실로 사랑이시다" 등 "어머니 하나님"에 대한 신격화적 내용이 대부분이다.

(3) 해외 신도들의 한국 방문

하나님의교회는 2001년 6월 미국 LA하나님의교회 측 신도들의 한국 방문을 시작으로, 해외 신도들이 한국을 방문하는 "해외성도방문"을 진행해 왔다. 2010년 4월 12일 열린 "제42차 해외성도 방문"에는 네팔, 몽골, 인도, 베트남 등 아시아 국가를 중심으로 11개국 37개 해외 지교회와 신도 223명이 방한한 것으로 알려졌다. 하나님의교회 측은 홈페이지 뉴스(news.watv.org)에서 이들이 "예언을 따라 예루살렘 어머니 품으로 비둘기같이 날아왔다"며 "하늘 어머니를 뵙고 성경을 배우기 위해 한국을 방문하게 됐다"고 전했다. 또 "진리를 영접한 후부터 그토록 보고 싶고 그리워했던 어머니를 뵈며 어머니께서 얼마나 오랜 세월 우리 자녀들을 기다리셨는지 생각하니 가슴이 뭉클했다" 등 해외 신도들의 "어머니 하나님"에 대한 소감을 보도했다.

(4) 외국어 성경 발표대회

하나님의교회는 지난 1998년부터 "외국어 성경 발표대회"를 열고 있다. 국내 하나님의교회 신도들을 대상으로 하는 이 대회는 "선교사 양성"에 초점을 두고 있어 하나님의교회 해외 포교에도 영향을 주는 것으로 보인다. 하나님의교회는 이 행사를 통해 하나님의교회 측의 외국어 교재 및 외국어 프로그램 활용에 대한 설명, 영어·중국어·힌디어 등 총 12개국 언어 교육 등을 진행한다.

(5) 실제 해외 포교 사례

폴란드 바르샤바대학교에서 하나님의교회 측 신도들이 대학생들을 붙잡고 아이패드로 UCC 동영상을 보여 주며 미혹했다. 주로 두 명씩 짝을 지어 네 명이 활동하고 있다. 주로 현지인들을 공략하는 포교방법을 취한다.

6) 우리 어머니 전시회

하나님의교회는 전국의 각 지교회에서 '우리 어머니' 전시회를 개최한다. 어머니에 대한 추억의 물건이나 글을 통해 어머니를 회상하도록 하는 목적이다. 하지만 하나님의교회 신도들은 장길자 어머니와 오버랩시킬 것이다. 비신도들은 전시회가 열리는 하나님의교회로 초청받아 관람하게 된다. 하나님의교회가 이단이라는 사실을 모르는 사람들이 하나님의교회에 가는 문턱을 낮추는 역할을 한다.

7) ASEZ

ASEZ는 하나님의교회 소속 대학생 봉사단체로 'Save the Earth from A to Z(처음부터 끝까지 지구를 구하자)'라는 뜻을 담고 있다고 한다. 홈페이지를 통해 "어머니의 사랑, 그 따뜻함을 전 세계에 전합니다"라며 어려운 이웃과 세계에 어머니의 사랑을 전하는 단체라고 소개한다. 2015년부터 활동을 시작한 ASEZ는 학교 건축, 거리정화활동, 요양원 봉사활동 등 사회복지, 환경보호, 의식증진, 긴급구호 활동을 해왔다. ASEZ는 여러 대학교, 해외 단체와 MOU를 체결하며 국내뿐만 아니라 국외에서도 꾸준히 활동을 이어가고 있다.

8) ASEZ WAO

ASEZ WAO는 하나님의교회 소속 직장인청년봉사단체다. 'Save the Earth from A to Z(처음부터 끝까지 지구를 구하자)와 'We Are One(우리는 하나)'의 약자로 "우리 모두가 하나 되어 처음부터 끝까지 세상을 구하자"라는 뜻이다. 소개 책자를 통해 "어머니의 사랑으로 인류가 행복한 세상을 만들고, 지구촌의 지속 가능한 발전과 평화를 구현한다"며 설립 목적을 밝혔다. ASEZ WAO는 긴급구호, 빈곤·기아해소, 물·위생보장, 복지증진, 교육지원, 건강보건, 범죄예방, 환경보전의 활동을 하고 있다. 국내외 리더들과 간담회를 가졌으며 여러 기관과 MOU 체결을 통해 단체를 홍보한다.

6 하나님의교회 포교방법

1) 설문조사

　1985년 2월 25일 안상홍이 사망하고 총회장인 김주철과 하늘 어머니라 불리는 장길자를 주축으로 국내는 물론 해외까지 활발한 활동을 하고 있다. 하나님의교회 포교방법은 두 명이 짝을 지어 각 가정집을 방문하거나 거리에서 설문조사로 포교를 하는데, 절대로 처음부터 안상홍과 장길자를 전하지는 않는다.

　하나님의교회는 '멜기세덱 성서교육원'이라는 이름으로 "기독교 교리와 그 인지도에 대한 설문조사를 하여 기독교 참진리를 교육하는 데 반영하고자 한다"면서 설문조사 응답을 요구한다. 총 10개 항으로 된 이 설문은 ①하나님의 존재에 대하여 ②성경은 어떤 책인가? ③사후 영혼의 세계 존재에 대하여 ④일요일은 몇째 날인가 ⑤일요일 제도는 어느 종교에서 비롯된 것인가? ⑥성탄절의 12월 25일 진위여부 ⑦교회의 십자가 문제 ⑧기독교에 대한 인식은? ⑨종말에 대한 견해는? ⑩성서 예

하나님의교회 설문지

언과 하나님의 말씀을 배우고 싶은가? 등으로 구성돼 있고 성명, 직업, 성별, 나이, 전화번호를 기재하게 되어 있다. 물론 목적은 지속적 접촉을 위한 연락처 확보다.

"안식일", "크리스마스", "영혼", "구원" 등의 내용이 담긴 설문지를 통해서 조금이라도 관심을 가지는 사람이 있거나 성경지식이 없다고 판단되면 집요하게 파고들어서 먼저 침례를 받게 한다. 그리고 이후 조금

씩 그들의 교리인 "유월절", "3차 7개 절기", "율법" 등을 가르친다. 이후에 율법은 그리스도께 즉, 이 시대 그리스도인 안상홍, 장길자에게 인도하는 몽학선생이기에 안상홍과 장길자를 성경 이상의 구원자라고 주장한다. 또한, 요한계시록 14장 4절을 들어 구원받는 성도는 그리스도이신 어린양이 어디로 이끈다고 해도 따라가는 신앙이 되어야 한다고 주장한다.

특히 하나님의교회는 항상 마지막 날 즉, 종말을 내세운다. 신도들로 하여금 그 종말이 내일 왔을 때 구원받을 준비를 미리 해놓지 못한 다섯 처녀가 되지 않기를 늘 강조한다. 그래서 하나님의교회 신도들은 조마조마한 마음으로 살아가며 평안함이 없다. 하나님의교회에서는 전도하지 않는 신도들에게 전도의 열매 없는 가을 나무는 아무리 율법을 지킨다 해도 결국 찍혀 나간다고 은연중에 강조한다.

2) 스마트폰 (태블릿PC)

캠퍼스 등지에서 하나님의교회 신도들이 동영상을 보여주며 포교한다. 처음에는 간단한 설문조사라면서 영상을 보고 난 후 느낌을 설문지에 표시해 달라고 접근한다. 그러나 내용은 하나님의교회에 관한 영상이다. 워낙 신도들이 적극적으로 포교하기 때문에 억지로 영상을 보는 경우가 많다.

3) 친절한 접근

하나님의교회 신도들은 포교대상자에게 매우 친절하다. 감자, 고구마 등 먹거리를 집으로 가져와 문에 걸어놓고 가기도 하고, 음료나 과일을 집 문 앞에 두고 가기도 한다. 월급날인데 생각났다며 음식을 대접하는 등 포교대상자에게 감동을 주려고 노력한다.

4) 고등학교, 대학교 동아리

하나님의교회에 속한 고등학생, 대학생들이 동아리를 만들어 포교활동을 하고 있다. 고등학교에서 봉사동아리로 가장해 위장동아리를 만든 후 하나님의교회 교리를 가르치는 방법을 사용한다. 대학생들은 캠퍼스에서 종교활동과 봉사활동을 내세워 동아리를 만들어 활동하며 정동아리 등록을 시도하고 있다.

7 하나님의교회의 문제점

1) 종말주장과 교회건물 마련의 모순

하나님의교회는 1988년, 1994년, 1999년, 2012년에 종말이 온다고 주장한 바 있으나 모두 수포로 돌아갔다. 이를 하나님의교회는 열 처녀 비유를 들어 신랑이 더디 오기 때문이라고 반박한다. 1999년 종말을 주

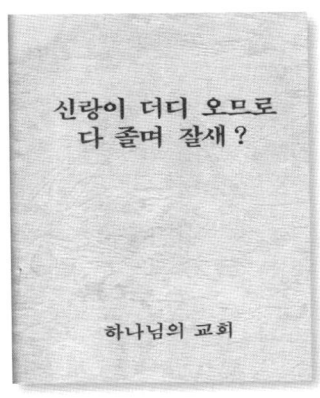 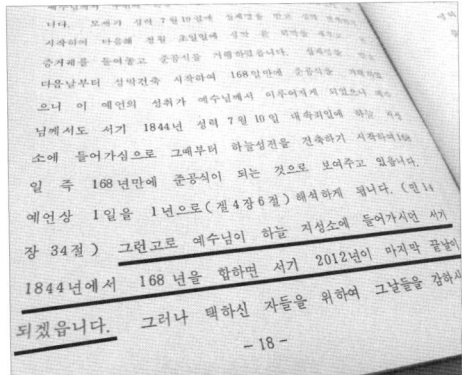

안상홍의 저서 『신랑이 더디 오므로 다 졸며 잘새?』와 2012년이 끝날이라고 기록한 내용

장했으나 하나님의교회는 교회를 마련하고 있었다. 당시 경기도 성남 분당구에 위치한 본부 건물 신축공사 계약서를 보면, 1999년 9월 1일에 착공해서 2000년 9월 1일에 준공한다고 나와 있다. 1999년 종말을 주장하면서 2000년 준공되는 교회 건축을 진행했던 것이다. 2012년에도 하나님의교회는 종말을 주장했다. 하지만 2012년 한 해 동안 교회 건물을 국내에만 무려 29곳을 마련했다.

2012년 2월	김해하나님의교회
2012년 4월	의정부녹양하나님의교회, 인천부개하나님의교회, 원주하나님의교회, 천소사하나님의교회
2012년 5월	영등포하나님의교회, 안산제2단원하나님의교회, 용인수지하나님의교회
2012년 6월	수원팔달하나님의교회, 청원내수하나님의교회, 상주하나님의교회, 순천하나님의교회, 정읍하나님의교회, 나주하나님의교회, 광주방림하나님의교회
2012년 7월	서산하나님의교회, 서울공항하나님의교회
2012년 8월	서울용산하나님의교회
2012년 9월	세종하나님의교회, 울산매곡하나님의교회, 울산온양하나님의교회, 충주교현하나님의교회
2012년 10월	서울도봉하나님의교회
2012년 11월	군포금정하나님의교회, 안양만안교회, 속초하나님의교회, 서울강남하나님의교회, 서울상도하나님의교회
2012년 12월	시흥하나님의교회

하나님의교회가 마련한 성전은 대부분 이미 건축한 건물을 매입한 것이다. 기존 건물을 리모델링해서 성전을 마련했다. 안타까운 것은 매입한 건물 대부분이 기성교회 건물이었다. 교회건축을 무리하게 진행하다가 빚을 청산하지 못하고 경매에 넘어간 기성교회를 하나님의교회가 매입했거나 교회가 이사하면서 매각한 건물을 사들인 것이다. 어떠한 이유에서든 기성교회가 건물을 하나님의교회에 매각했다는 것은 생각보다 가벼운 일이 아니다. 크게는 하나님의교회가 포교할 수 있는 거점을 확보하는 데에 일익을 담당했다고 볼 수 있다. 하나님의교회 신도들은 아침부터 저녁까지 포교활동에 힘쓰는 단체인데, 그 지역 사람들은 하나님의교회가 전하는 교리를 귀에 못이 박이도록 듣게 될 것이다. 또한, 기성교회 자리에 세워진 교회라는 점은 하나님의교회의 큰 소득이다. 비기독교인들은 대부분 하나님의교회가 이단으로 결의된 단체라는 사실을 모른다. 주변에서는 또 다른 교회가 세워졌다는 생각을 하게 되고, 특히 기존의 교회가 지역사회에서 좋은 영향을 끼쳤다면 지역주민이 하나님의교회를 받아들이는 데에 거부감이 적을 것이다.

2) 인터넷 활동

(1) 자작문답

인터넷에는 자신이 궁금한 내용을 질문하고, 그에 대해 불특정다수가 답변하는 기능이 있다. 하나님의교회는 이 기능을 활용해 자신들을 홍보한다. 하나님의교회 신도가 포털사이트에 올린 하나님의교회에 관한 질문과 그에 대한 긍정적인 답변을 볼 수 있다. 자작문답으로 추측할 수 있는 이유는 질문을 한 시간과 답변을 한 시간이 같다는 점이다. 질문을 한 후 그 글을 읽고 답변을 쓰려면 일정 시간이 필요하지만 그 시간이 같다는 것은 한 사람이 여러 개의 아이디를 사용하면서 질문을 하고 바로 준비된 답변을 복사해서 올린 것으로 보인다.

(2) 게시중단요청

하나님의교회는 자신들에 대한 부정적인 글이 인터넷에 올라오면 게시중단을 요청한다. 포털사이트에서는 게시중단요청이 들어오면 일

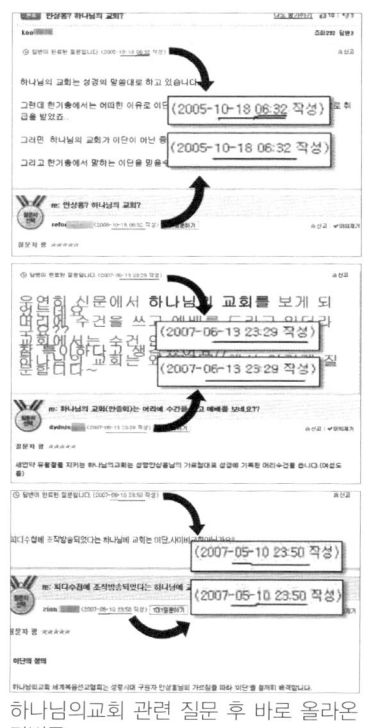

하나님의교회 관련 질문 후 바로 올라온 답변들

하나님의교회 관련 글의 게시를 중단한다는 포털사이트 공지

단 30일 동안 글을 볼 수 없도록 조치하고, 글을 올린 당사자에게 통보한 후 재게시요청 여부를 받는다. 게시를 원한다면 30일 이후에 게시글을 볼 수 있도록 한다. 하나님의교회는 이 점을 이용해 일단 자신들에게 불리한 글은 게시중단요청을 해서 다른 사람들이 볼 수 없도록 한다.

(3) 고소 협박

하나님의교회를 비판하는 글을 올린 사람들에게 하나님의교회 측 신도는 법적으로 문제가 있다며 게시물을 내릴 것을 요구한다. "허위사실 유포", "모욕죄", "명예훼손" 등이라며 협박한다.

(4) 국제이단문제연구소

현대종교에서 과거에 사용하던 국제종교문제연구소와 비슷한 명칭인 이 카페는 명칭만 보면 국제적으로 이단 문제를 연구하는 곳으로 생각된다. 하지만 1만 건 이상의 게시물 중에 이단 관련 글은 40여 건밖에

국제이단문제연구소 카페

없다. 카페에는 하나님의교회를 홍보하고, 하나님의교회 교리의 비판에 대한 반박으로 가득하다. 또 이단사역자들을 공격적으로 비판하고 있다.

3) 불법적인 행태와 피해사례

(1) 하나님의교회 신도들의 집단폭행: 하나님의교회에 출석하던 A씨는 교회가 교리적으로 잘못된 것을 깨닫고 탈퇴했다. 이후 "하나님의교회는 종말을 기다리는 교회다", "여자 하나님을 믿고 있는 교회다"라며 동네 사람들에게 하나님의교회의 실체를 알렸다. 불만을 품은 하나님의교회 신도 네 명이 옆집 아주머니라며 A씨의 집에 들어왔다. 두 신도는

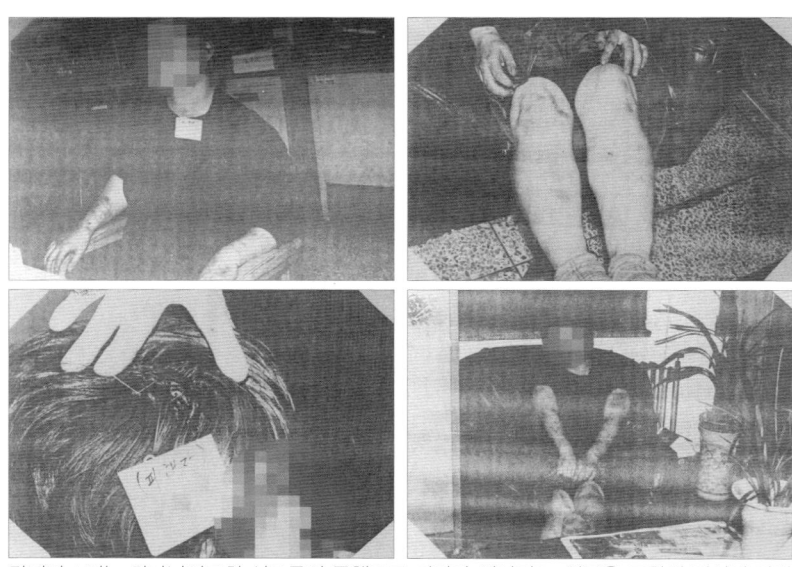

탈퇴자 A씨는 하나님의교회 신도들의 폭행으로 머리가 찢어지고, 얼굴을 포함해 전신에 타박상을 입었다(제공: 하피모).

"너 같은 년은 죽어야 한다"고 욕설을 하며 달려들었고, 다른 두 신도는 노끈으로 A씨의 손목과 다리 및 가슴을 묶고, 수건으로 입을 틀어막았다. 옆에 자고 있던 네 살 된 아들이 잠에서 깨자 넥타이로 아이의 손목을 묶고 청테이프로 입을 막았다. 이후 A씨의 얼굴을 주먹과 발로 여러 차례 때리고, 밀대자루로 어깨를 수차례 내려쳤다. 한 신도는 부엌에서 식칼을 가져와 사과문을 쓰라고 위협했다. 어쩔 수 없이 A씨는 하나님의교회의 명예를 훼손하여 사과한다는 취지의 사과문을 하나님의교회 신도가 불러주는 대로 작성했다. 한 신도는 비디오카메라로 사과문 작성 장면을 촬영했다. 신도들은 한 시간 정도 A씨를 감금하고, 뇌진탕 및 두피열상 등의 피해를 가했다.

(2) 하나님의교회 자녀의 정신과 소견: 엄마가 하나님의교회에 출석하는 한 아이의 정신과 소견서에 아이가 '외상후 스트레스 장애', '중등도의 우울성 에피소드'라는 소견이 밝혀졌다. 문장의 앞부분만 주어지고 뒷부분은 공란으로 남겨진 미완성된 문장으로 구성된 문장완성검사지(아동용)에는 "내가 좀 더 어렸다면"이라는 문장 뒤에는 "엄마 교회에 가지 마세요 했을 것이다"라고 썼고, "우리 엄마는"이라는 말에 이어서 "나쁜 교회에 다닌다"라고 답했다. 또 "내가 제일 걱정하는 것은"이라는 문장의 뒤에는 "엄마가 데려가는 것"이라고 썼고, "내가 가장 무서워하는 것은" 뒤에는 "하나님의교회"라고 작성했다. 이 검사를 통해 아이는 엄마가 하나님의교회에 출석하는 것, 자신을 데려가는 것에 큰 스트레스를 받고 있다는 것을 예상할 수 있다.

하나님의교회 신도 네 명이 하피모의 피켓과 탑차의 현수막을 강제로 찢었다.

(3) 불법적인 시위방해: 하나님의교회 신도들은 하나님의교회 앞에 합법적으로 집회신고를 하고 시위를 하던 하나님의교회 피해자 가족모임 회원들의 시위를 불법적으로 수차례 방해했다. 피켓을 무너뜨리거나 뺏으며 몸싸움을 벌이기도 하고, 현수막을 찢거나 현수막에 있는 장길자와 김주철의 얼굴을 페인트로 칠해버리는 등 위법행위를 범했다. 또 커터칼로 현수막을 찢기도 하고, 시위하는 회원들에게 미리 준비한 먹물을 뿌리고 전단을 훼손하는 등 지속적으로 집회를 방해했다.

8 하나님의교회 피해사례

1) 사회적 문제점

하나님의교회는 "1988년 종말이 오며 지구는 흔적도 없이 사라질 것이라며 인침을 받은 14만 4000명 이외에는 모조리 멸망한다"고 주장했다. 1988년 충남 연기군 소정면 전의산에 하나님의교회 신도들이 모여

1999년 KBS 방송에 항의하기 위하여 여의도 고수부지에 몰려든 하나님의교회 신도들

하나님의교회 피해자 시위 현장

안상홍의 재림을 준비하는 한편 안상홍이 88올림픽 개막식 때 종합운동장으로 재림한다고 해 신도들이 입장권을 매입해 들어가기도 했다. 이후 계속해서 해를 바꿔가며 시한부종말론을 신도들에게 유포하는 한편 하나님의교회에 빠진 가족이 가출을 하기 시작하자 남은 가족들은 매년 탄원을 제기했다.

 1999년에는 Y2K 등의 사회여론과 이에 편승한 시한부종말론을 주장한 단체에 피해를 입었다는 피해자의 실상과 하나님의교회의 실상이 각 언론에 보도되었다. 같은 해 7월 15일에는 KBS 시사고발프로그램인 〈추적 60분〉에서 하나님의교회에 대해 방영하기로 하자 전국에서 상경한 신도들이 이를 저지하기 위해 방송사 앞 한강고수부지에서 항의시위 성격의 집회를 하기도 했다. 2000년 2월 29일에는 하나님의교회를 이탈해 이 단체의 실체를 공개한 정○○이 신도 400여 명에게 둘러싸여 폭행을 당하기도 했다.

또한, SBS는 1999년 2월 〈추적 사건과 사람들〉 140회 '1999년, 지구 종말을 외치는 사람들'로 안상홍증인회를 다뤘다. 안상홍을 찬양하는 『새노래』 찬송가, 시한부종말론을 믿는 교회, 인간을 하나님으로 섬기는 사람들, '1999년은 대재앙의 해', '1999년 세계지도가 바뀌는 대격변의 해', '1999년은 세계적인 대살육의 해', '1999년 지구 종말은 오는가' 등이 담긴 하나님의교회 측의 비디오 일부, 하나님의교회 모습과 탈퇴자들의 이야기를 담았다.

1988년 종말론이 실패에 돌아간 후에 많은 신도가 이탈했으나 조직을 재정비하고 기성교회 교인들이 성경지식에 대해 취약한 점을 십분 활용하여 기성교회 교인들을 집중적으로 포교하기 시작해 1998년 5월 6일 올림픽체조경기장에서 2만여 명이 전도발대식을 할 정도로 교세가 확장됐다. 2000년 9월 27일 용인에 건평 2500평(약 757.6㎡)의 4층짜리 선교센터를 완공하고 교세확장에 주력했다.

한국기독교총연합회는 2000년 1월 22일, 안상홍증인회 하나님의교회는 가정파괴, 이혼, 가출, 재산 헌납, 시한부종말론 등의 문제로 물의를 일으켜 일반언론에서조차 수차례 보도된 바 있는 집단으로 많은 국민과 기독교인들이 현혹되지 말기를 바라며, 그 형태와 주장을 정통 기독교로 오해함이 없기를 바라는 '안상홍증인회 하나님의교회에 대한 성명서'를 발표한 바 있다.

2) 하나님의교회 탈퇴자 수기

> 이 글은 하나님의교회를 탈퇴한 한 주부의 글을 정리한 것이다. 설문조사로 미혹해 잘못된 성경공부로 이어진 하나님의교회의 전형적인 포교방법을 볼 수 있다.

성경대로 가르친다며 미혹

하나님의교회에 첫발을 딛게 된 것은 한 설문조사를 해주면서부터입니다. 모든 것이 생각나진 않겠지만 내 기억 속에 남아 있는 것들을 다시 적어볼까 합니다.

하나님의교회에 다닌 것은 1년 정도 되었던 것 같습니다. 한 살, 두 살 짜리의 연년생인 아이 둘과 힘들고 지쳐있을 때 두 명의 30대 주부들이 설문조사를 하기 위해 현관문을 두드렸습니다. 아무 생각 없이 설문조사(안식일, 크리스마스 등에 관한 내용)를 해 주었습니다. 설문을 마치고 혹시 궁금한 것 있으면 물어보라기에 평소에도 하나님과 우리의 영혼 등에 대하여 궁금한 게 있었기 때문에 물어보았습니다. 그 사람들은 성경책을 보이면서 일반 성경책하고 똑같다는 것을 알려주었고, 밑줄 그은 것을 보여주며 이것저것 설명해 주었습니다.

자기들의 교회는 성경말씀대로만 행하는 교회이고 서로 비방하는 것도 없고 조용하고 성경말씀이 대화의 주제라는 비슷한 말을 했던 것 같습니다. 그때는 내가 소망하던 교회처럼 느껴졌습니다. 그리고 말을 마치고 바로 세례를 받으러 가자는 뜻밖의 소리에 당황하기도 했지만 성경책을 보여주며 예수님께서도 세례를 받고 가르치라는 말씀이 있다고 알려주며 나를 갈등하게 하였습니다. 그래서 얼떨결에 아이 둘을 데리고 세례를 받으러 가게 되었습니다.

의심없이 믿었던 성경공부

처음에 교회를 들어갈 때 문득 '이단인가'라는 생각도 했었는데 이단이라고는 여호와의 증인밖에 모르고 있었기 때문에 들어가서 가운으로 갈아입고 머리 위부터 전신 물세례를 받았습니다. 그리고 바로 옷을 갈아입고 목사님과 간단히 성경공부를 했습니다.

다음날부터 나를 전도한 사람과 다른 한 사람이 왔습니다. 나를 전도한 사람은 아이를 봐주고 다른 한 사람은 성경공부를 가르쳐 주었습니다. 오래전의 일이라 잊은 것도 많지만 요한계시록을 읽다 보니 생각나는 것이 있습니다. 성경공부는 요한계시록을 중점적으로 했습니다. 그림은 잘 기억나지 않지만 요한계시록에 나온 것을 그림으로 표현했는데 사람도 아니고 짐승도 아니고 뿔도 있었던 것 같고 …. 로마시대의 역사공부도 하며 성경의 예언에 따라 지금은 마지막 때인 그림의 발바닥의 시대를 살고 있다고 했습니다. 예수님께서는 마지막 때 다시 오신다고 했는데 성경의 예언에 따라 동쪽 해 돋는 곳 땅끝 우리나라에 오신다고 했습니다. 그런데 예수님이 다시 오셨다 모든 것을 이루시고 다시 가셨다고 했습니다. 그때 그 이름이 '안상홍'이란 이름을 가지고 오셨다고 했습니다.

그때 크게 의심하지 않고 그냥 신기하고 놀랐던 것 같습니다. 지금 생각하면 왜 이단이라고 생각을 하지 않았는지 의문입니다. 그리고 안상홍에 대해서 공부하기 시작했습니다. 안상홍은 성경의 예언에 따라 예수님께서 보내신다는 보혜사 성령 하나님이라고 합니다. 예수님은 육을 입고 온 하나님임을 설명하고 그러기 때문에 재림 예수님인 안상홍도 하나님인 것입니다. 예수님은 다윗을 비유로 설명했습니다. 다윗이 40년을 다스렸는데 예수님은 다윗의 뿌리로 33년을 사역하시고 나머지 7년을 이루지 못한 것을 마지막 때 다시 오신 예수님이 7년을 이루고 갔다는 비슷한 얘기입니다.

안상홍이 한 일은 하나님의 율법이 바뀐 것을 다시 잡고 하나님의 백성을 찾는 것이었던 것 같습니다. 첫째는 안식일, 둘째는 유월절, 셋째는 예수님 탄생일이라고 믿고 있는 성탄절이 예수님의 탄생일이 아니라는 것, 넷째는 십자가가 우상이라는 것, 다섯째는 여자는 머리에 수건을 써야 한다는 것입니다. 그리고 한가지는 요한계시록(5:3~)을 보면 하늘 위에나 땅 위에나 두루마리로 펴거나 보거나 하는 자가 다윗의 뿌리인 다시 오실 예수님밖에 없는데, 안상홍이 모든 것을 풀어 알려주고 갔기 때문에 안상홍이 재림 예수님이고, 예수님은 하나님이기 때문에 안상홍은 육을 입고 오신 하나님이라는 결론입니다. 그래서 이 사람들은 성경책은 같지만 찬송가는 『새노래』로 해서 안상홍을 찬양하고 있습니다. 나도 솔직히 지금 왜 유월절을 지키지 않아도 괜찮고, 성탄절이 어떤 근거로 예수님의 탄생일인지 알지 못합니다. 하지만 그들은 그것을 자기들의 방식대로 설명해서 이해시킵니다. 그리고 안식일에 대한 것도 확실히 아직 모르겠습니다. 또 십자가 우상은 이사야 44장 13절과 15절에 나오는 "나무", "사람 모양"을 45장 20절에 나오는 "나무 우상"과 연결

시켰던 것 같은데, 오래되어 정확히 모르겠지만 아마도 비슷할 것입니다. 성경의 예언대로 우리는 십자가를 두고 그렇게 우상숭배를 하고 있다는 것입니다. 그리고 여자의 머리에 수건 쓰는 것은 성경말씀에 여자는 머리를 보이면 안 되고 남자는 머리를 가리면 안 된다는 비슷한 말씀이 있는데 그것을 토대로 우리가 성경말씀을 지키지 않는다고 합니다.

그 사람들에게 하나님은 사랑의 하나님이 아닙니다. 우리가 불법을 행하고 있기 때문에 우리를 멸하시는 무서운 하나님이십니다. 이 세상에 검을 주러 오신 하나님을 믿고, 다시 오실 예수님은 요한계시록 16장 15절 말씀처럼 도적같이 오셔서 모든 성경에 나오는 율법을 완성하시고, 이것을 깨닫고 지키고 재림 예수님을 믿는 자만이 마지막에 구원을 받는다고 합니다.

예수님께서 말씀하신 '모든 이가 알도록 구름 타고 오신다는 것'은 부정했던 것 같습니다. 그래서 이 사람들은 잃어버린 양을 찾는 심정으로 모든 만나는 사람이 전도의 대상입니다. 예수님께서 그 시대에 핍박을 받고 사람들이 믿지 않고 못 박았듯이 이 시대에도 사람들이 재림 예수님을 믿으려 하지 않고 안상홍을 알아보지 못하고 이단이라고 말하고 예수님 때하고 똑같다고 말합니다. 다른 사람들은 이단이라고 하지만 율법을 지키고 다시 오신 재림 예수님 안상홍을 믿는 자기들만이 마지막 때 (북한은 마지막 때를 위한 남겨진 나라처럼 얘기합니다. 그래서 이들은 북한의 핵으로 세상이 멸망한다고 주장하고 겁을 줍니다.) 잃어버린 양 14만 4000명은 살아서, 안상홍을 믿기만 하면 나머지는 죽어서라도 구원을 받는다고 얘기한 것 같습니다.

하나님의교회라는 것도 성경에 나오는 교회가 하나님의교회이기 때문입니다. 성경은 모든 것이 짝이 있고 짝이 없는 것은 아무 의미가 없는 것이 됩니다. 그리고 마지막 때 이 지구가 인간의 불법으로 하나님이 멸하실 때 인침을 받는 14만 4000명과 지금 살아있는 어머니와 함께 구원을 받는다고 합니다. 어머니라는 사람은 안상홍과 영혼 혼인을 한 하늘 어머니, 예루살렘 어머니라는 사람입니다. 요한계시록(19장)에 보면 어린양의 혼인잔치에 대한 것이 있는데 예언에 따라 어린양(예수님=하나님=성령하나님=안상홍)은 영혼 혼인을 하고 안상홍은 먼저 하늘나라로 가시고 어머니는 14만 4000명과 함께 살아서 승천하는 것입니다.

창세기에 보면 "우리의 형상에 따라"라는 말씀에 있는데 "우리"에 대해 하나님은 아버지가 있으니 어머니도 있다고 해석합니다. 어머니라는 사람은 신적인 존재로 지금도 존경받습니다. 어머니의 영혼 혼인날인가 생일인가 확실치는 않지만 기념하기 위해 모두들 편지를 쓰고 헌금도 했습니다. 나도 편지 한 장과 헌금 3만 원을 했습니다. 어머니가 바닷가를 거니는 동영상, 기도하는 모습, 외국인이 찾아와 만나는 장면, 외국에 있는 교회 성도들이 영상편지를 보낸 것도 보여줬습니다. 그리고 부모의 믿음을 통해 자녀들이 함께 구원을 받는다고 해서 토요일에 학교에 가지 않고 교회에 나가는 아이들도 많습니다. 그리고 요한계시록 17장 4~5절에 "그 여자는 자줏빛 … 큰 바벨론이라 땅의 음녀들과 가증한 것들의 어미라 하였더라"에서 바벨론은 천주교를 말합니다. 신부님이 자주 빛, 붉은 옷을 입고 금잔을 들고 있는 것, 보석으로 꾸민 것을 사진으로 보여주면서 성경 말씀을 믿게 합니다. 그리고 마지막 날 제일 먼저 멸망하는 곳이 성당이라고 합니다. 그 다음은 불법을 행하는 일반교인들, 믿지 않는 자입니다.

교회에 아이 맡기고 전도, 또 전도

공부를 어느 정도 하고 믿음이 생기면 전도도 둘씩 짝을 이뤄서 다닙니다. 둘씩 짝을 이루는 것도 이들의 율법입니다. 나는 아침에 아이들과 함께 교회에 가서 아이들은 다른 사람들이 봐주고 또 다른 신도와 함께 전도도 다녀봤습니다. 어떻게 전도해야 하는지 연습하고 공부했습니다. 안식일과 기타 그들이 주장하는 것에 대해 다른 사람에게 설명하는 것을 연습했습니다. 그들은 뱀처럼 지혜롭게 하라는 성경말씀에 따라 전도할 때도 그것을 써먹습니다. 설문하면서도 화장실을 쓴다고 하든가 물도 좀 달라고 하든지 시간을 좀 끌고 말을 건네고 얘기할 기회를 찾습니다. 나는 그렇게까지 해보지는 않았습니다. 그리고 아닌 것 같으면 설문지만 받고 그냥 말기도 했습니다. 문을 안 열어주는 사람도 있고 문전 박대받는 경우도 많지만 아무것도 개의치 않고 당당하게 전도하고 돌아다닙니다. 왜냐하면, 그들은 자기들이 선택받은 자라고 믿기 때문입니다. 그리고 오전에 전도하고 점심때쯤 교회에 들어가서 준비된 점심을 먹고 공부도 조금 했던 것 같습니다. 그리고 오후에도 전도하는 사람도 있고 나가지 않는 사람도 있고 집에 가서 테이프를 듣게끔 설교테이프를 주기도 합니다. 설교테이프도 많이 있습니다. 확실치 않은데 오전에 한 번씩 기도시간이 있어 하던 일을 멈추고 수건을 쓰고 기도를 잠깐 하고 다시 하던 일을 했던 것 같습니다.

남편의 도움으로 탈퇴

이렇게 1년 정도 되었을 때 교회에서 책자를 하나 보았습니다. 책에는 체육대회 했던 내용 등 여러 가지가 실려 있었는데 그 책을 집에 가져왔다가 남편이 그것을 보았습니다. 그 사람들이 남편에게는 당분간 얘기하지 않아도 된다고 해서 나는 그 말을 순진하게 따랐습니다. 남편은 그냥 성경공부 조금 하는 건 알고 있었던 것 같은데 어느 교회에 다닌다는 것은 몰랐습니다. 토요일은 남편이 출근해서 없었기 때문에 별 문제가 되지 않았습니다. 남편이 알고 나서 하나님의교회에 나갔을 때 성경에서 (몸을 죽여도 영혼은 죽이지 못하는~) 예수님 말씀을 보여주며 힘내고 하나님께서 절대 이혼은 하게 하시지 않는다고 용기를 주었습니다. 남편은 모 목사님을 통해 안상홍에 대해 알아보고 프린트해서 나에게 보여주고 주위 분들에게 설득해 달라고 했습니다. 그래도 내 마음이 움직이지 않으니까 나와 가까운 분께 도움을 요청했습니다. 밤새 그분이 설득한 끝에 마지못해 나는 안 나가겠다고 했습니다. 그리고 난 후 남편은 하나님의교회에 가서 내 소지품과 성경책, 모든 관련된 것을 가지고 와서 태워버렸습니다. 내가 교회에 다니지 않는다고 했지만 행동에서 아직 못 벗어난 것을 느꼈나 봅니다.

사실 내 마음에서 벗어나지 못한 건 사실이었습니다. 어느 날 밤에 남편과 처음이자 마지막으로 크게 다투고 온 집은 엉망이 되었습니다. 그리고 다음날 나는 교회에 대한 모든 것을 접고 남편은 자기의 행동에 대해 사과하고 서로 안아주었습니다. 하나님의교회에서 한번 전화가 왔던 것 같은데 거절했습니다. 남편은 신학대학을 가서 배워서라도 나를 나오게 하려고 했고, 그래도 안 되면 이혼까지 생각했다고 후에 말했습니다. 그때를 돌이켜 생각해보니 눈물이 앞을 가립니다. 남편에 대한 미안함이 있습니다. 믿고 있던 아내에 대해 1년이란 시간을 속았다는 배신감은 한참 동안 남편에게 상처가 되었습니다. 보통 남편들은 그냥 포기하는 경우도 많고 거꾸로 아내에게 설득을 당해 그냥 함께 교회에 나가기도 합니다. 사실 처음에는 "어느 것이 진실입니까?"하고 하나님께 묻기도 했습니다. 어느 길이 옳은 믿음인지도 몰랐습니다. TV에서 재앙과 북핵 문제가 나오면 무서워서 한동안 TV를 보기 싫었고, 이 복음을 저버리고 하나님의교회에서 나오면 몇 곱절의 재앙이 있다는 그 사람들의 말에 무서움도 있었습니다. 하지만 시간이 지난 지금은 하나님께 그리고 남편에게 감사합니다. 그 사람들은 예전에도 때가 다 되어서 재앙이 올 것이라고 말했고, 지금도 반복하고 있습니다.

탈퇴 후 찾아온 가정의 행복

나는 거기서 나온 후 시간이 흘러 더 많은 축복을 받았습니다. 내가 소망하던 사랑하는 셋째도 주시고 사랑의 하나님을 내 마음에 다시 찾고 지금 교회에 몸을 담게 하시고 가정의 평안과 행복을 주시는 것에 감사합니다. 우리 주위에는 하나님의 음성을 듣고 만나고 새로운 삶을 사는 사람들이 정말 많습니다. 우리 하나님은 우리를 사랑하시고 우리가 사는 동안 가정이 작은 천국이 되기를 원하신다고 생각합니다. 그리고 예수님을 닮아가는 삶을 살기 위해 노력하고 하나님께 영광을 돌리길 원하십니다. 우리 가정이 지금까지 지켜진 것은 하나님의 은혜입니다.

아마도 내가 그때 고집을 꺾지 않았다면 지금 이 가정은 존재하지 않을 것이고 하나님의 사랑을 깨닫지 못하고 재앙의 하나님만을 바라보며 살아가고 있을 것이니 얼마나 불쌍한 삶이 되었겠습니까!

지금까지 생각나는 대로 적어보았는데 이것이 다른 사람들에게 도움이 될지 안 될지는 모르겠습니다. 하지만 나처럼 미련한 행동을 하는 사람은 없었으면 좋겠습니다. 마지막으로 하고 싶은 말은 예전의 나처럼 믿음이 약했던 사람에게는 이 사람들이 주장하는 것에 대해 답변을 할 수가 없을 것이고 빠질 수가 있기 때문에 이 사람들이 얘기하는 안상홍에 대한 것, 어머니에 대한 것, 안식일, 유월절, 크리스마스, 십자가 우상 등에 대해 자세히 알아보고, 그 사람들이 다가올 때 대적해서 쫓아 저처럼 빠지는 사람이 없었으면 좋겠습니다.

9 하나님의교회 예방과 대처

하나님의교회는 기성교인을 만나면 유월절 준수 여부와 절기를 지키는 날짜와 시간문제를 들고 나온다. 그들은 교인을 만나면 심문하듯 유도질문을 한다. 이때 우리는 꼭 저들의 말을 다 듣고 나서 반증을 해야 한다.

그들은 기성교인을 만나면 "유월절을 지킵니까"라고 질문한다. 그리고 출애굽기 12장과 레위기 23장을 인용해 유월절과 모든 절기를 영원한 규례라 하여 반드시 지켜야 구원이 있다고 주장한다. 그들이 "유월절을 지킵니까"할 때, 우리는 "구체적으로 옛날처럼 실제로 양을 잡는 것을 말합니까? 아니면 떡과 포도즙을 먹는 것을 말합니까"하고 되물어야 한다. 이때 그들은 놀라는 반응을 나타낸다. 유월절을 지키는 교회는 하나님의교회 뿐인 줄로 알고 있었는데 다른 교파도 유월절을 지킨다고 듣게 된 것이기 때문이다. 그러면 그 다음에 제기되는 문제는 언제 유월절을 지키느냐 하는 것이다. 하나님의교회는 일 년에 한 번 유월절을 지킨다. 유월절을 계승한 성만찬을 일 년에 한 번 지키는 것이 성경적인가, 아니면 여러 번 자주 행하는 것이 성경적인가. 매주일 베풀고 또 매주일 참예하는 것이 더 성경적이다. 실제로 성만찬은 주일마다 기념됐던 것임을 설명해 주어야 한다.

하나님의교회 측에서는 초신자들에게 요한계시록 14장의 내용을 안상홍의 이름으로 풀이한다든지, 진화된 창조론이라든지, 하나님 부인(장길자)이 있다는 내용은 가르치지 않는다. 이단과 사이비 종교에서는 표면교리(선전교리)와 이면교리가 있는데, 감추어진 이면교리들은 어느 정도 익숙해진 다음에 가르친다.

하나님의교회의 특징은 그들이 주장하는 내용이 외부로 공개되지 않는다는 것이다. 그래서 자료를 구입하기도 어렵지만 주장하는 바가 이치에 맞지 않아 외부로 드러날 경우 쉽게 무너진다. 그러나 일단 포섭이 되면 어머니에 대한 노래에 매료되기 쉽다. 기성교회에서 소외당한 사람들의 경우에는 더 쉽게 빠질 수 있다. 가사들이 한결같이 하나님에 관한 내용이라기보다는 어머니에 대한 향수를 불러일으키는 내용이기 때문이다.

끝으로 요한계시록의 '인 떼는 자'라 주장하는 이단들은 하나님의교회뿐 아니라 신천지의 이만희, 새빛중앙등대교회의 김풍일 등 무수히 많다. 이와 같이 여러 교주가 자기만이 요한계시록을 해석한 자라고 하여 인 떼는 자라고 주장하는 모든 교주가 모두 가짜 '인 떼는 자'들이다. 성도들은 이들의 궤술에 속지 말고 말씀을 아는 것에 대한 이해와 만족이 아닌 하나님을 경외함으로 서야 하겠다.

10 하나님의교회 주소록

하나님의교회는 각 지교회 주소를 공개하지 않는다. 아내가 하나님의교회에 빠지면 남편들이 교회를 찾아와 항의하거나 그러한 모습 때문에 초신자들의 이탈을 방지하기 위함이다. 하나님의교회 건물 수가 급격히 증가하고 있다. 임차한 건물을 사용하던 하나님의교회가 건물을 매입하기 시작한지 10년이 지났다. 세우는 족족 지역 신문에서 보도하며 홍보하고 있고, 상당수 기성교회를 매입하고 있어 우려가 크다. 2012년 시한부 종말을 주장하면서도 29곳의 교회를 마련했고, 꾸준히 건물을 마련하고 헌당예배를 드려왔다. 다음은 주소가 확인된 하나님의교회 지교회 목록이다.

서울에 위치한 하나님의교회 지교회 위치

▶ **서울시**

서울마포하나님의교회	서울시 마포구 창전로 88 (신수동 101-57)
서울용산하나님의교회	서울시 용산구 새창로8길 29 (도원동 24)
서울강북하나님의교회	서울시 강북구 강북구 삼양로19길 47 (미아동 813-5)
서울강서하나님의교회	서울시 강서구 방화대로34길 55 (방화동 186-12)
서울관악하나님의교회	서울시 관악구 남부순환로 1900 (봉천동 1661-1)
서울상계하나님의교회	서울시 노원구 누원로 21 (상계동 1316-1)
서울도봉하나님의교회	서울시 도봉구 도봉로134길 13 (창동 731-114)
서울동대문하나님의교회	서울시 동대문구 한천로53길 6 (휘경동 43-253)

서초동하나님의교회	서울시 서초구 강남대로37길 50 (서초동 1364-57)
서울송파하나님의교회	서울시 송파구 새말로 170 (문정동 101-2)
서대문하나님의교회	서울시 서대문구 경기대로11길 18 (충정로2가 58-1)
서울강남하나님의교회	서울시 강남구 선릉로72길 9 (대치동 908-18)
강일하나님의교회	서울시 강동구 고덕로 459 (강일동 699-6)
서울강동하나님의교회	서울시 강동구 명일로 207 (길동 143)
서울공항하나님의교회	서울시 강서구 송정로 4 (송정로 4)
서울고척하나님의교회	서울시 구로구 중앙로1길 9 (고척동 76-31)
서울노원하나님의교회	서울시 노원구 동일로248길 26 (상계동 1265-2)
서울월계하나님의교회	서울시 노원구 석계로 25 (월계동 70-6)
서울도봉방학하나님의교회	서울시 도봉구 도당로 72 (방학동 695-4)
서울상도하나님의교회	서울시 동작구 여의대방로24가길 28 (대방동 401-9)
서울상암하나님의교회	서울시 마포구 상암산로1길 79 (상암동 1682)
서울공덕하나님의교회	서울시 마포구 임정로 83 (공덕동 111-270)
서울오금하나님의교회	서울시 송파구 동남로23길 36 (오금동 64-7)
서울양천하나님의교회	서울시 양천구 지양로 31 (신월동 986-14)
영등포하나님의교회	서울시 영등포구 영등포로 12 (양평동2가 27-1)
서울은평하나님의교회	서울시 은평구 진관1로 77-11 (진관동 110)
서울독립문하나님의교회	서울시 종로구 통일로16길 13 (무악동 63-6)

▶ 경기도

광주오포하나님의교회	경기도 광주시 오포읍 마루들길 66 (양벌리 109-1)
김포하나님의교회	경기도 김포시 중봉1로 96 (북변동 320-3)
양주하나님의교회	경기도 양주시 삼숭로61번길 12 (삼숭동 316)
여주하나님의교회	경기도 여주시 주내로 98-6 (상동 8-10)

용인수지하나님의교회	경기도 용인시 수지구 수풍로 109 (동천동 284-3)
화성봉담하나님의교회	경기도 화성시 봉담읍 오래1길 20-12 (동화리 556-4)
경기고양하나님의교회	경기도 고양시 덕양구 소원로 246 (행신동 1115)
고양풍동하나님의교회	경기도 고양시 일산동구 숲속마을1로 44 (풍동 1301-3)
고양동구하나님의교회	경기도 고양시 일산동구 하늘마을로 113 (중산동 1703)
고양덕이하나님의교회	경기도 고양시 일산서구 덕이로 209-20 (덕이동 1045-17)
경기광주초월하나님의교회	경기도 광주시 초월읍 현산로 34 (대쌍령리 371-1)
구리하나님의교회	경기도 구리시 동구릉로459번길 56-19 (사노동 331-3)
군포금정하나님의교회	경기도 군포시 번영로624번길 47 (금정동 771-7)
경기김포하나님의교회	경기도 김포시 태장로 824 (장기동 2067)
남양주진접하나님의교회	경기도 남양주시 진접읍 장현로광동2길 13 장현리 612)
남양주마석하나님의교회	경기도 남양주시 화도읍 맷돌로91번길 27 (마석우리 533)
경기동두천하나님의교회	경기도 동두천시 중앙로 185 (생연동 714-7)
부천송내하나님의교회	경기도 부천시 부일로 166 (상동 466-1)
부천상동하나님의교회	경기도 부천시 상이로85번길 8-22 (상동 573-3)
부천소사하나님의교회	경기도 부천시 소사동로 65 (소사본동 408-5)
새예루살렘 판교성전	경기도 성남시 분당구 판교역로 35 (백현동 526)
성남수정하나님의교회	경기도 성남시 수정구 제일로 199 (태평동 5607)
성남중원하나님의교회	경기도 성남시 중원구 도촌남로 68 (도촌동 638)
성남상대원 하나님의교회	경기도 성남시 중원구 순환로 230 (상대원동 72-1)
성남하대원하나님의교회	경기도 성남시 중원구 마지로155번길 25-5 (하대원동 154-17)
수원영통하나님의교회	경기도 수원시 영통구 삼성로282번길 34 (원천동 335)
수원팔달하나님의교회	경기도 수원시 팔달구 팔달로153번길 24 (화서동 42)
시흥정왕하나님의교회	경기도 시흥시 군서로18번길 21-1 (정왕동 1191)
시흥하나님의교회	경기도 시흥시 시청로80번길 26 (시청로80번길 26)
안산제2단원하나님의교회	경기도 안산시 단원구 원포공원로 57 (초지동 746-1)
안성하나님의교회	경기도 안성시 중앙로 61 (대덕면 건지리 350-2)

연천하나님의교회	경기도 연천군 연천읍 연천역로 32 (옥산리 459-48)
오산하나님의교회	경기도 오산시 경기대로148번길 30 (원동 515-2)
용인제3기흥하나님의교회	경기도 용인시 기흥구 보정로 31 (보정동 1275)
경기용인하나님의교회	경기도 용인시 기흥구 용구대로 1981 (상갈동 45-4)
용인처인하나님의교회	경기도 용인시 처인구 금령로 149 (마평동 655-1)
의정부녹양하나님의교회	경기도 의정부시 녹양로62번길 63 (녹양동 335)
의정부낙양하나님의교회	경기도 의정부시 용민로 399 (낙양동 738)
이천하나님의교회	경기도 이천시 갈산로87번길 33 (갈산동 507-4)
장호원하나님의교회	경기도 이천시 장호원읍 서동대로8975번길 43-20 (오남리 6-4)
파주문산하나님의교회	경기도 파주시 문산읍 문산역로 65 (문산리 17-346)
파주하나님의교회	경기도 파주시 성재길 14 (당하동 251-3)
평택소사벌하나님의교회	경기도 평택시 죽백4로 11 (죽백동 812)
포천하나님의교회	경기도 포천시 소흘읍 죽엽산로 18 (이가팔리 322-3)
화성동탄하나님의교회	경기도 화성시 동탄감배산로 63 (오산동 990)
화성병점하나님의교회	경기도 화성시 병점로 70 (병점동 829-2)

▶ 인천시

인천계양하나님의교회	인천시 계양구 계양산로 131 (임학동 2-7)
인천논현하나님의교회	인천시 남동구 논고개로 208 (논현동 594-1)
인천만수하나님의교회	인천시 남동구 장승남로81번길 31-1 (만수동 1103-3)
인천간석하나님의교회	인천시 남동구 주안로 269 (간석동 383-14)
인천남구하나님의교회	인천시 미추홀구 석정로 433 (주안동 18-28)
인천남구하나님의교회	인천시 미추홀구 소성로 249 (학익동 663-2)
인천청천하나님의교회	인천시 부평구 세월천로30번길 57(청천동 177-3)

인천부개하나님의교회	인천시 부평구 수변로 87 (부개동 120–5)
인천검단하나님의교회	인천시 서구 고산로40번2길 21 (원당동 839–1)
인천심곡하나님의교회	인천시 서구 심곡로124번길 9 (심곡동 290–7)
인천연수하나님의교회	인천시 연수구 독배로 51 (옥련동 194–41)
인천낙섬하나님의교회	인천시 중구 제물량로 53 (신흥동3가 7)
인천남동하나님의교회	인천시 남동구 인주대로653번길 10 (구월동 1204–7)

▶ 세종시

세종하나님의교회	세종시 연서면 도원로 79 (월하리 829)

▶ 대전시

대전중촌하나님의교회	대전시 중구 어덕마을로 103 (중촌동 305–3)
대전회덕하나님의교회	대전시 대덕구 계족로740번길 43–14 (읍내동 82–3)
대전동구하나님의교회	대전시 동구 동대전로 329 (가양동 426–5)
대전산내하나님의교회	대전시 동구 산서로1659번길 21 (대별동 196–1)
대전서구하나님의교회	대전시 서구 둔산대로117번길 106–27 (만년동 300–1)
대전정림하나님의교회	대전시 서구 정림로77번길 15 (정림동 558)
대전내동하나님의교회	대전시 서구 동서대로 1012 (내동 27–1)
대전유성하나님의교회	대전시 유성구 원신흥로100번길 58 (원신흥동 521–2)

▶ 강원도

동해하나님의교회	강원도 동해시 부곡동 123-7 (부곡로 15)
강릉하나님의교회	강원도 강릉시 종합운동장길 18 (교동 624-5)
속초하나님의교회	강원도 속초시 동해대로 3955 (조양동 1385)
원주원동하나님의교회	강원도 원주시 무실로 129 (원동 295-8)
철원 하나님의교회	강원도 철원군 동송읍 오덕로 7-3 (오덕리 949)
춘천하나님의교회	강원도 춘천시 공지로 228 (효자동 279-3)
태백하나님의교회	강원도 태백시 문화로 33 (황지동 59-53)
강원홍천하나님의교회	강원도 홍천군 연봉로11길 44 (홍천읍 연봉리 509-5)

▶ 충청도

공주하나님의교회	충청남도 공주시 느티나무길 56 (금성동 180-1)
논산하나님의교회	충청남도 논산시 해월로168번길 19 (반월동 118-7)
충남당진하나님의교회	충청남도 당진시 대덕1로 100 (대덕동 1880)
보령하나님의교회	충청남도 보령시 신설1길 87 (동대동 1042)
대산하나님의교회	충청남도 서산시 대산읍 명지1로 25-39 (대로리 308-2)
서산하나님의교회	충청남도 서산시 학동11로 3 (동문동 403-4)
충남서천하나님의교회	충청남도 서천군 서천읍 사곡로75번길 73 (사곡리 117-9)
아산배방하나님의교회	충청남도 아산시 배방읍 모산로 38-53 (공수리 540-12)
천안직산하나님의교회	충청남도 천안시 서북구 직산읍 직산로 18-68 (삼은리 58-11)
홍성하나님의교회	충청남도 홍성군 홍성읍 홍덕서로 14 (소향리 368-2)
제천하나님의교회	충청북도 제천시 용두대로19길 8 (하소동 57-1)
제천동현하나님의교회	충청북도 제천시 의병대로32길 13 (동현동 108)
충북진천하나님의교회	충청북도 진천군 진천읍 문화로 98 (교성리 158)

충북청주상당하나님의교회	충청북도 청주시 상당구 상당로203번길 9 (북문로3가) 3-2
청주서원하나님의교회	충청북도 청주시 서원구 1순환로 640 (사창동 171-1)
청원내수하나님의교회	충청북도 청주시 청원구 내수읍 내수로 674 (마산리 174-1)
청주흥덕하나님의교회	충청북도 청주시 흥덕구 가로수로 1151 (비하동 42-3)
청주복대하나님의교회	충청북도 청주시 흥덕구 진재로55번길 17 (복대동 2503)
충주교현하나님의교회	충청북도 충주시 국원초1길 32 (교현동 483-103)

▶ **전라도**

전남무안하나님의교회	전라남도 무안군 무안읍 철소재길 4 (성동리 754-3)
전남순천하나님의교회	전라남도 순천시 북문길 169 (매곡동 438-1)
전남여수하나님의교회	전라남도 여수시 여서로 260-5 (여서동 195-5)
광양하나님의교회	전라남도 광양시 광양읍 은장도1길 17(칠성리 999-1)
나주하나님의교회	전라남도 나주시 재신길 10-6 (송월동 1130-3)
목포하나님의교회	전라남도 목포시 석현동 영산로692번길 5(490-3)
보성하나님의교회	전라남도 보성군 보성읍 동산길 16 (보성리 848-7)
순천하나님의교회	전라남도 순천시 순광로 42 (조례동 1590-3)
전북군산나운하나님의교회	전라북도 군산시 하신2길 10 (나운동 823-1)
김제하나님의교회	전라북도 김제시 요촌북로 75 (요촌동 9-17)
익산어양하나님의교회	전라북도 익산시 부송1로 20-3 (어양동 120)
익산하나님의교회	전라북도 익산시 인북로 87 (갈산동 43-1)
전주호성하나님의교회	전라북도 전주시 덕진구 동부대로 927 (호성동2가 642-5)
전주효자하나님의교회	전라북도 전주시 완산구 거마평로 221 (효자동1가 362-1)
전주서신하나님의교회	전라북도 전주시 완산구 전룡5길 23-6 (서신동 891-1)
정읍하나님의교회	전라북도 정읍시 관통로 99-39 (시기동 445-3)

전북군산소룡하나님의교회 전라북도 군산시 풍전3길 21 (소룡동 832)
전북전주완산하나님의교회 전라북도 전주시 완산구 신촌4길 11 (중화산동2가 781-1)
전북고창하나님의교회 전라북도 고창군 고창읍 월곡로 24 (교촌리 38-1)

▶ 광주시
광주광산하나님의교회 광주시 광산구 선운중앙로67번길 33 (선암동 505)
광주방림하나님의교회 광주시 남구 서강사1길 6 (방림동 41-1)
광주남구하나님의교회 광주시 남구 중앙로 36 (월산동 76-1)
광주북구오치하나님의교회 광주시 북구 서하로183번길 13 (오치동 861-10)

▶ 경상도
거제하나님의교회 경상남도 거제시 중곡1로 80 (고현동 987-11)
거창하나님의교회 경상남도 거창군 거창읍 수남로 2195(김천리 213-14)
김해하나님의교회 경상남도 김해시 분성로48번길 25 (외동 1035-3)
김해내동하나님의교회 경상남도 김해시 우암로 175 (내동 1071-1)
김해진영하나님의교회 경상남도 김해시 진영읍 김해대로332번길 31-6 (진영리 1534)
사천하나님의교회 경상남도 사천시 사천읍 평화길 46-14 (평화리 178-3)
경남양산하나님의교회 경상남도 양산시 남부로 28 (남부동 466-3)
경남진주하나님의교회 경상남도 진주시 북장대로50 (봉곡동 445-8외 1필지)
마산하나님의교회 경상남도 창원시 마산합포구 완월동7길 18 (장군동4가 26-8)
창원의창하나님의교회 경상남도 창원시 의창구 용동로 54 (사림동 170-3)

경남통영하나님의교회	경상남도 통영시 항북길 12-26 (정량동 1122-1)
경북경산하나님의교회	경상북도 경산시 원효로 19 (중방동 869-8)
경주하나님의교회	경상북도 경주시 원지길12번길 32-4 (황성동 267-20)
경주현곡 하나님의교회	경상북도 경주시 현곡면 나원계탑길 9 (라원리 481-1)
구미도량하나님의교회	경상북도 구미시 송동로 67-5 (도량동 272-3)
경북구미하나님의교회	경상북도 구미시 여헌로 87 코리아타운상가 (인의동 356-5)
구미하나님의교회	경상북도 구미시 화신로8길 20-18 (광평동 107)
김천하나님의교회	경상북도 김천시 남산공원3길 35 (남산동 13-5)
문경하나님의교회	경상북도 문경시 중앙7길 27 (점촌동 155-1외 2필지)
상주하나님의교회	경상북도 상주시 냉림3길 67-9 (냉림동 149-10)
안동하나님의교회	경상북도 안동시 강남2길 60-12 (정하동 244-3)
영주하나님의교회	경상북도 영주시 번영로 97 (휴천동 709-2)
포항중앙하나님의교회	경상북도 포항시 북구 동빈로 104 (동빈1가 64-2)

▶ **대구시**

대구달서하나님의교회	대구시 달서구 월곡로 176 (상인동 1556-1)
대구북구하나님의교회	대구시 북구 칠성로 84 (칠성동2가 421-3)
대구반야월하나님의교회	대구시 동구 용계로 49-1 (동구 용계동 19)
대구중구하나님의교회	대구시 중구 명덕로 269 (대봉동 162-3)
대구달성하나님의교회	대구시 달성군 논공읍 논공로17길 17 (북리 803-37)
대구서구하나님의교회	대구시 서구 서대구로54길 15-9 (비산동 834-1)

▶ 울산시

울산매곡하나님의교회	울산시 북구 신기3길 30-6 (매곡동 456)
울산온양하나님의교회	울산시 울주군 온양읍 태화8길 47 (운화리 3-9)
울산남구하나님의교회	울산시 남구 신정로87번길 23 (달동 641-22)
울산동구하나님의교회	울산시 동구 방어진순환도로 519 (방어동 923-9)
울산북구진장하나님의교회	울산시 북구 명촌21길 10-2 (진장동 788-1)
울산중구하나님의교회	울산시 중구 성안1길 129 (성안동 484-6) A동/ C동

▶ 부산시

부산사하하나님의교회	부산시 사하구 하신번영로312번길 29 (하단동 588-12)
부산기장교회	부산시 기장군 일광면 이천11길 17 (이천리 923-5)
부산수영하나님의교회	부산시 수영구 수영로 562 (광안동 508-1)
부산연제하나님의교회	부산시 연제구 거제시장로 5 (연산동 1514-2)
부산해운대하나님의교회	부산시 해운대구 좌동순환로 79 (좌동 1368-1)
부산동래하나님의교회	부산시 동래구 안락로125번가길 22 (안락동 468-50)
부산사상덕포하나님의교회	부산시 사상구 백양대로804번길 42-11 (덕포동 18)
부산사상엄궁하나님의교회	부산시 사상구 엄궁로 10 (엄궁동 683-8)
부산서구하나님의교회	부산시 서구 구덕로148번길 15 (토성동5가 9-1)
부산영도하나님의교회	부산시 영도구 웃서발로94번길 24 (동삼동 320)

▶ **제주시**

제주오라하나님의교회	제주도 제주시 오라로 23 (오라삼동 2321)
제주하나님의교회	제주도 제주시 동광로 14 (동광리 1336-1)

* 주소가 확인된 곳만 게재했습니다.

11 부록:만화

- 미혹의 손길
- 하늘 어머니는 없다!
- 어둠에서 벗어나라

미혹의 손길

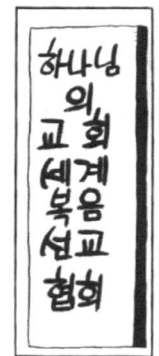

어둠에서 벗어나라

2001년 봄 둘째 아이의 두어 차례 수술에 따른 영적, 육적 피곤이

막연한 불안과 함께 커지기 시작했을 때

하나님의교회 안상홍증인회 전도인들을 만나게 되었습니다.

11. 부록: 만화

현대종교 이단사이비 자료집

하나님의교회의 정체

초 판1쇄 펴낸날 2014년 8월 10일
초 판3쇄 펴낸날 2022년 3월 15일

펴낸이 탁지원
펴낸곳 현대종교
엮은이 현대종교 편집국
디자인 예영B&P(T.02-2249-2506)

등록번호 제 306-19890-3호(1989. 12. 16)

주 소 12106 경기도 남양주시 순화궁로 249, M동 1215호
(별내동 파라곤스퀘어)
T.(031)830-4455~7   F.(031)830-4458
www.hdjongkyo.co.kr
e-mail: hd4391@hdjongkyo.co.krr

ISBN 978-89-85200-10-3 (03230)

값 6,000원

- 잘못 만들어진 책은 교환해 드립니다.
- 본사의 허락없이 본서 내용의 전재·모방·일부 게재를 불허함